PESTALOZZIANUM ZÜRICH
Fachstelle Schule und Museum

Geschichte zum Anfassen

**Ein Führer durch 54 Zürcher Ortsmuseen
von
Gottfried Keller-Schoch**

Verlag: Pestalozzianum, Beckenhofstrasse 31, 8035 Zürich

Die Direktion des Pestalozzianums spricht der Zürcher Kantonalbank für die grosszügige Übernahme der Druckkosten ihren herzlichen Dank aus.

Redaktion: Georges Ammann

Herausgeber: Pestalozzianum Zürich, Fachstelle Schule und Museum
Gestaltung Umschlag und Inhalt: SHW Werbeberatung AG, Stäfa
Umschlag unter Verwendung der Schweizer Karte (Ausschnitt)
von Aegidius Tschudi von Glarus (1505–1572), zweite Auflage 1560,
Zentralbibliothek Zürich
Satz und Druck: Schellenberg Druck AG, Pfäffikon ZH
ISBN 3-907526-00-7

INHALTSVERZEICHNIS

I EINFÜHRUNG

Allein im Kanton Zürich bestehen heute über 50 Ortsmuseen, und weitere sind geplant oder stehen kurz vor ihrer Eröffnung. Dies bedeutet, dass bald einmal jede dritte Gemeinde auf zürcherischem Boden über ihr eigenes Museum verfügen wird. Ist denn – so wird mancher fragen – bei dieser erstaunlich hohen Zahl von Museen auf verhältnismässig kleiner Fläche die Gefahr nicht gross, dass sich diese gegenseitig zu konkurrenzieren beginnen? Oder anders herum gefragt: Ist es für ein Ortsmuseum überhaupt noch möglich, seinen typisch örtlichen Charakter zu wahren, ohne einfach zu imitieren, was anderwärts ebenfalls schon vorgezeigt und dokumentiert wird? Wäre es nicht überhaupt der Sache dienlicher, regionale Museen mit bestimmten Schwerpunkten zu schaffen, die gleichzeitig für ein grösseres Einzugsgebiet zuständig wären?

Wesentliche Aufgaben, die nur das Ortsmuseum erfüllen kann

Abgesehen davon, dass das Schweizerische Landesmuseum mit Sitz in Zürich in vielen Belangen regionale und überregionale Funktionen bereits erfüllt, verkennt die Forderung nach grösserer Konzentration grundsätzlich eine der wohl wichtigsten Aufgaben des Ortsmuseums. Nicht umsonst liegt die Betonung auf *Orts*-Museum, das denn auch in der Regel von Leuten betreut und gefördert wird, die mit ihrem Ort eng verbunden sind. Nicht zuletzt deshalb reagieren sie besonders empfindlich auf ihre nächste Umwelt. Unter dem Eindruck sich immer rascher wandelnder Strukturen, die etwa die traditionelle Bausubstanz ebenso wie die überlieferte Lebensweise verändern, ja zerstören, ist ihr Bedürfnis nach Bewahrung dessen, was vor längerer Zeit oder noch jüngst fester Bestandteil unseres Alltags gewesen ist, jetzt aber endgültig zu verschwinden droht, nur allzu verständlich.

Nicht erst der Nachwelt, auch schon uns Heutigen kann es nicht gleichgültig sein,
• wie es im eigenen (Wohn)ort früher einmal aussah (Veranschaulichung eines Stückes Siedlungsgeschichte);
• auf welche Weise sich das tägliche Leben (zu Hause, im Stall, auf dem Feld, im Dorf usw.) abspielte;
• welche Wirtschaftszweige in der Gegend dominierten (Viehzucht, Rebbau, Fischfang, Spinnerei/Weberei usw.);
• durch welche Feste und Bräuche Lebens- oder Jahreslauf besonders hervorgehoben wurden (von der Taufe bis zur Totenmesse, von der Aussaat bis zur Ernte usw.);
• in welchen Beziehungen die Menschen verschiedener Herkunft und Bildung zueinander standen (Sozialgeschichte).

Schon aus dieser (unvollständigen) Aufzählung lassen sich mit Leichtigkeit einige der wesentlichsten Aufgaben, die sich dem Ortsmuseum stellen, und die nur es erfüllen kann, ableiten.

Das Ortsmuseum hält nicht nur nostalgisch Rückschau

Der gegenwärtig weit verbreitete Wunsch, sich vermehrt der eigenen Vergangenheit zu vergewissern, um sich so besser auf die Gegenwart oder Zukunft einzustellen, ruft förmlich nach der Einrichtung von Museen, die uns mit ihren Sammlungsgütern viel über frühere Sitten, Brauchtum, Lebensgewohnheiten und Geschmack lehren können. Doch braucht dieser «Blick zurück» keinesfalls nostalgisch verklärt zu sein. Gerade die Überschaubarkeit und der persönliche Rahmen des Ortsmuseums sind wichtige Voraussetzungen, um möglichst viele Leute aus der unmittelbaren Nachbarschaft direkt anzusprechen. Das «Museum vor der Haustür» ist geeignet, bei seinen Besuchern Interesse für Fragen zu wecken, die sie jetzt und unmittelbar etwas angehen.

Fragen jedoch verlangen nach Antworten, und diese im Museum zu suchen und zu finden, kann zur eigenen Bewusstwerdung einiges beitragen. «Nur wer weiss, woher er kommt, kann mitentscheiden, wohin er geht», hat die Lesegesellschaft Stäfa die Bedeutung der Ortsmuseen definiert. Dieser hohe Anspruch ist gewiss nicht leicht zu erfüllen. Profunde Kenntnisse, Einfühlung in die Bedürfnisse des breiten Publikums und museumsdidaktisches Geschick sind erforderlich, um aus dem Ortsmuseum eine Stätte der Begegnung zu machen.

Das Ortsmuseum verdeutlicht Zusammenhänge und schafft Schwerpunkte

Der Besucher soll stets spüren, dass er persönlich angesprochen ist. Aber die ausgestellten Objekte und Dokumente werden nur dann für ihn wirklich lebendig, wenn sie in einem grösseren Kontext wahrgenommen werden. Denn auch lokales Geschehen, lokale Sachverhalte und Entwicklungen sind weit mehr als blosse Episoden oder gar nur Anekdoten. Bei aller Sorgfalt, mit der das Detail gepflegt wird, darf nie die Verbindung zur Gesamtgeschichte verlorengehen, muss stets die übergreifende Thematik deutlich erkennbar bleiben. Ebenso kann die Bildung von Schwerpunkten, die etwa nach dem Prinzip des entdeckenden Lernens präsentiert werden, verhindern, dass das Ortsmuseum zum mehr oder weniger zufälligen Sammelbecken zahlloser vereinzelter Funde, Objekte und Dokumente degradiert wird.

Nur wenn das Ortsmuseum zu einer ebenso spannungsvollen wie vergnüglichen Aneignung von Kenntnissen einlädt, wozu immer auch Möglichkeiten zur Selbsttätigkeit gehören, kann es zur Identitätsfindung seiner Besucher beitragen. Dabei hängt viel davon ab, wie historische Dinge und Fakten in Bezug zum einzelnen Individuum und seiner Gegenwart gesetzt werden.

Das Ortsmuseum aktiviert seine Besucher und lädt die Bevölkerung zur Mitbeteiligung ein

Dem Orts- oder Heimatmuseum winkt hier die Chance, richtungweisend (vorab auch ländliche) Kulturarbeit zu leisten, die sich nicht mit zeitgemässer Präsentation begnügt, sondern auch immer wieder versucht, sich durch

- Einbezug der Bevölkerung bei der Planung der Aktivitäten,
- Mitbeteiligung interessierter Kreise bei der Durchführung von Aktionen (z.B. Betrieb von Geräten oder Einrichtungen, wie Trotte, Mostpresse, Backofen usw.),
- Wechselausstellungen mit Gelegenheit zur Selbstdarstellung der Ortsbewohner,
- Schaffung von Bezügen zwischen gestern und heute anhand ausgewählter Sammlungsobjekte,

- Öffentlichkeitsarbeit (Führungen für Neuzuzüger, Publikationen, PR in den Medien usw.),
- Veranstaltung von Vorträgen und Kursen (z.B. in Verbindung mit der Volkshochschule oder der Gemeindebibliothek),
- Zusammenarbeit mit andern Ortsmuseen oder verwandten Institutionen (z.B. Austausch von Ausstellungen über Themen von allgemeinerem Interesse, Organisation von Besuchen und Gegenbesuchen usw.)

zu profilieren und bei den Einwohnern in Erinnerung zu rufen.

Das Ortsmuseum im Spannungsfeld zwischen Leitbild und Praxis

Es versteht sich von selbst, dass die Voraussetzungen für jedes Ortsmuseum immer wieder anders sind. Dies gilt auch für die zürcherischen Ortsmuseen, die im vorliegenden Führer vorgestellt werden. Aber trotz zum Teil beträchtlicher Unterschiede hinsichtlich Einrichtung, Präsentation, Betrieb und Öffentlichkeitsarbeit ist wohl kein Ortsmuseum anzutreffen, das nicht bestrebt wäre, der Zweckbestimmung, wie sie etwa im Prospekt des Ortsmuseums Zollikon umschrieben ist, nach besten Kräften nachzuleben:

«Ortsmuseen kommt die Aufgabe zu, Objekte und Dokumente von historischem Wert zu sammeln, zu sichten, auszustellen und der Forschung zugänglich zu machen.

Durch das Vermitteln von Einsichten in Vergangenes helfen sie das Gegenwärtige erkennen und Zukünftiges gestalten. Damit leisten die Ortsmuseen einen wichtigen Beitrag an das kulturelle Leben einer Gemeinde.

Sie helfen Zuzügern wie Alteingesessenen die Eigenheiten der Wohngemeinde verstehen und geben der Schule wertvolle Impulse zur Gestaltung und Ergänzung ihres Unterrichts in Heimatkunde.»

Anregungen für einen fruchtbaren Museumsbesuch

Wie diese Impulse bei Besuchen mit Schulklassen oder Jugendgruppen aufgenommen, weitergegeben, verarbeitet und vertieft werden können, möchte der vorliegende Führer aufzeigen. Er enthält neben allgemeineren Anregungen für den erwachsenen Besucher, der mit einer grösseren oder kleineren Gruppe von Jugendlichen ein Ortsmuseum besuchen will, auch konkrete didaktische Hinweise zu jedem einzelnen Museum. Selbstverständlich gehören auch alle notwendigen Informationen über Öffnungszeiten, Kontaktpersonen, Eintrittspreise usw., eine Übersicht über das Ausstellungsgut sowie Angaben über Entstehungsgeschichte, thematische Schwerpunkte, Spezialitäten und Aktivitäten zu jedem Museumstext.

In einem Anhang sind alle alten Industrieanlagen auf Zürcher Boden erfasst, die einer Besichtigung zugänglich sind. In ihnen lassen sich interessante Aspekte der technischen Entwicklung und Industrialisierung verfolgen; in diesem Sinne bilden diese erhaltenswerten Einrichtungen denn auch eine wichtige Ergänzung zu den Ortsmuseen. (Ein spezieller Hinweis auf den neueröffneten Industrielehrpfad Zürcher Oberland findet sich auf S. 124.)

Vorgehen und Dank

Grundlage für alle Darstellungen in diesem Führer bildete ausser persönlichem Augenschein ein Fragebogen, den jeder Museumsleiter zur Beantwortung erhielt. Ebenso wurden die Museumstexte in ihrer endgültigen Fassung den Museen nochmals zur Begutachtung und allfälligen Korrektur oder Ergänzung vorgelegt. Für diese wertvolle Mitarbeit sei allen Mitwirkenden der beste Dank des Autors und des Herausgebers ausgesprochen.

Im Oktober 1985

PESTALOZZIANUM ZÜRICH
Fachstelle Schule und Museum

Georges Ammann

II MÖGLICHKEITEN ZUR SINNVOLLEN NUTZUNG DER ORTSMUSEEN DURCH DIE SCHULE

Brückenschlag zwischen Vergangenheit und Zukunft

Soll der junge Mensch nicht Gefahr laufen, immer mehr den Sinn für die Bedeutung heimatlicher Geborgenheit zu verlieren, ist es wichtig, dass er seine Wurzeln besser kennenlernt. Die Ortsmuseen, heimat- und volkskundliche Sammlungen, können ihm dabei behilflich sein, längst Vergangenes zu seiner eigenen Gegenwart in Beziehung zu setzen. Weit entfernt davon, lediglich eine ehemals «heile Welt» zu beschwören – es gab sie auch damals nicht –, ist die Beschäftigung mit der Vergangenheit geeignet, ihm unter anderem wertvolle Aufschlüsse über frühere Lebens- und Arbeitsgemeinschaften (etwa des Bauern- und Handwerkerstandes) in unserer unmittelbaren Nachbarschaft zu geben.

Dabei kommt der Schule eine wesentliche Mittlerrolle zu. Indem sie immer wieder versucht – und dies gewiss nicht nur im Museum –, dem Schüler historische Entwicklungen und Zusammenhänge bewusstzumachen, weckt und erweitert sie sein Verständnis für die so viel komplexere Gegenwart. Ob und inwieweit ihr das gelingt, ist wohl letztlich dafür ausschlaggebend, wie die nächste Generation die Zukunft mit ihren Verheissungen und ihren Bedrohungen zu bewältigen vermag. Oder wie es Emil Egli, Kulturgeograph, einmal formuliert hat: «Der Blick zurück lässt uns auch die Gegenwart im Lichte des Vergleichs erscheinen und drängt zum Bedenken der Zukunft, zur Frage nach der Geborgenheit der Nachfahren.»

Viele Berührungspunkte zwischen Schule und Ortsmuseum

Die Tatsache, dass heute mehr als 50 Ortsmuseen allein auf zürcherischem Boden der Öffentlichkeit zugänglich sind, schafft eine Fülle von Bezugs- und Berührungspunkten zwischen Schule und Ortsmuseum. Es wäre jedoch schade, wenn sich diese Kontakte nur gerade auf eine Pflichtbesichtigung des örtlichen oder nächstgelegenen Museums beschränken würden. Weshalb nicht den Besuch eines entfernter gelegenen Ortsmuseums bei der Exkursion in einen andern Kantonsteil einplanen oder auf der Schulreise bzw. Wanderung einen Zwischenaufenthalt im Ortsmuseum am Wege einschalten?

Wie aus dem Register (vgl. S. 123) hervorgeht, weisen die einzelnen Ortsmuseen immer wieder andere thematische Schwerpunkte auf, die im Zusammenhang mit ihrer jeweiligen Behandlung im Unterricht einen Besuch lohnen. Gerade im auf den ersten Blick Unspektakulären liegen der besondere Reiz und Gewinn eines solchen Besuches, der bei richtiger Einstimmung und didaktisch geschicktem Vorgehen den Blick der Schüler für Zusammenhänge schärft, die erst aus der geduldigen Betrachtung der ausgestellten Objekte und Dokumente wirklich erfassbar werden.

Wo sich zur reinen Betrachtung – auch diese will gepflegt und geübt sein – überdies Gelegenheit bietet, im Museum alte Tätigkeiten selbst auszuüben, ist ein altes museumspädagogisches Postulat erfüllt. Diesem wird auch schon – zumindest teilweise – entsprochen, wenn gewisse Gegenstände berührt und in die Hand genommen werden dürfen, was bei einer publikumsfreundlichen Ausstellungskonzeption verhältnismässig leicht zu realisieren ist.

Merkpunkte für die Vorbereitung und Durchführung eines Museumsbesuchs

Namentlich für Lehrer sind nachstehend einige Merkpunkte zusammengetragen worden, die für Vorbereitung und Durchführung eines Museumsbesuchs Beachtung verdienen:

1. Es hängt von den Beständen des jeweiligen Museums ab, für welche Unterrichtsfächer besonders ergiebiges Anschauungsmaterial vorhanden ist. Neben den naheliegenden Verbindungen zur Heimatkunde, Geschichte oder Naturkunde lassen sich gegebenenfalls auch das Rechnen (Gewichte,

Masse, Münzen, Kostenvergleiche früher und heute) oder andere, scheinbar abseitigere, aber nicht weniger attraktive Themenbereiche in die Betrachtung einbeziehen. Nicht zuletzt können auch die Interessen der Schüler für die schwerpunktmässige Beschäftigung mit einem bestimmten, im Museum besonders gut dokumentierten Spezialgebiet berücksichtigt werden.

2. Voraussetzung für jeden Museumsbesuch mit der Schulklasse ist es, dass der Lehrer sich vorher einen Überblick über das Museum verschafft. Dabei können ihm neben den Hinweisen in diesem Buch einerseits
• weitere schriftliche Unterlagen wie Prospekte, Broschüren, ein gedruckter Führer, Merkblätter, Fragebogen von Kollegen usw., anderseits
• die Vorbesichtigung oder eine Besprechung resp. Begehung mit dem für die Klassenbesuche verantwortlichen Betreuer des Museums
wertvolle Informationen vermitteln.

3. Wird eine persönliche Führung der Klasse durch den Museumsbetreuer vereinbart, ist die Rolle des Lehrers im voraus klar zu umschreiben. Seine aktive Beteiligung ist wünschbar, seine Anwesenheit während der Führung unerlässlich.

4. Ist dem Lehrer das Museum von einem früheren Besuch her bereits bekannt, lohnt sich auf jeden Fall die vorherige Anfrage, ob beispielsweise gerade
• eine Wechsel- bzw. Sonderausstellung stattfindet, das Ausstellungsgut inzwischen neu präsentiert worden ist,
• neue Unterlagen (z.B. Arbeitsblätter) zur Verfügung stehen,
• organisatorische Änderungen (z.B. andere Öffnungszeiten) eingeführt worden sind.

5. Anstelle einer traditionellen Klassenführung sind andere Formen denkbar, um einen Museumsbesuch spannend und abwechslungsreich zu gestalten:
• Die Schüler besichtigen das Museum während 15 bis 25 Minuten frei. Dabei wählt jeder Schüler dasjenige Ausstellungsobjekt aus, das ihm den grössten Eindruck macht, am besten gefällt oder am interessantesten erscheint. Er versucht es zu zeichnen, no-

tiert sich Stichwörter zu einer Beschreibung. Im Klassenverband werden die einzelnen Objekte vorgestellt. Auftauchende Fragen beantwortet der Lehrer und steuert allenfalls Zusatzinformationen bei. Nicht auf der Stelle beantwortbare Fragen werden gesammelt und in einem späteren Zeitpunkt (nach entsprechenden Recherchen) geklärt.
• Die Schüler lösen einen Wettbewerb, den der Lehrer so vorbereitet hat, dass die richtigen Antworten im Museum selbst gefunden werden können. Die Fragen sind nach Möglichkeit so zusammengestellt, dass sich ein sinnvoller (z.B. chronologischer) Parcours durch das Museum ergibt.
• In kleinen Gruppen beschäftigen sich die Schüler jeweils mit einem vom Lehrer im voraus bezeichneten Gegenstand. Sie beschreiben und zeichnen ihn, machen sich Gedanken über seine Form und Verwendung, stellen Vergleiche an mit einem ähnlichen Gegenstand aus der heutigen Zeit usw.
• Die Schüler suchen nach dem ihrer Meinung nach bedeutendsten Gegenstand, der im Museum ausgestellt ist. Natürlich muss dieser Aufgabe ein der jeweiligen Stufe angepasstes Gespräch über die Kriterien, denen dieser sogenannte «bedeutendste Gegenstand» genügen soll, vorausgehen. Welche Eigenschaften sind wichtiger: kostbar? für den Alltag unentbehrlich? lebensnotwendig? einzigartig? einmalig? oder…?

Hinweise für den Lehrer
• Unter dieser Rubrik finden sich zu jedem in diesem Führer vorgestellten Ortsmuseum konkrete Anregungen für einen Besuch mit Schülern (oder Jugendlichen), allenfalls für eine Vertiefung im Unterricht. Auf keinen Fall handelt es sich um detaillierte Arbeitsprogramme – wer über gewisse Inhalte mehr erfahren möchte, sei auf die angeführten Quellen verwiesen.

Allen Museumsleitern und Museumskommissionen gebührt der uneingeschränkte Dank für ihre selbstverständliche Bereitschaft, dem Autor zur Erstellung dieser Rubrik alle gewünschten Auskünfte bereitwillig erteilt und darüber hinaus viele aufschlussreiche Unterlagen verschafft zu haben. Ergänzungen, Korrekturvorschläge,

Erfahrungsberichte werden jederzeit dankbar entgegengenommen und wenn möglich in einer späteren Neuauflage berücksichtigt.

Die Kontaktadresse lautet: Pestalozzianum, Fachstelle Schule und Museum, Beckenhofstrasse 31, 8035 Zürich.

G. K./G. A.

III GESAMTÜBERSICHT UND KARTE

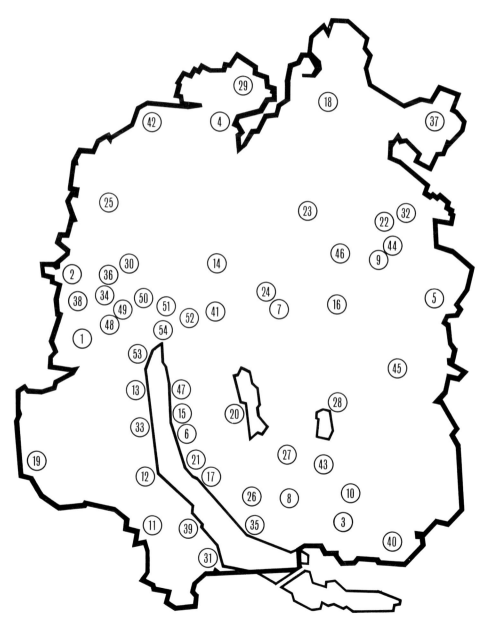

IV 54 ZÜRCHERISCHE ORTSMUSEEN VON BIRMENSDORF BIS ZÜRICH

Birmensdorf

Dorfmuseum

Adresse:
Mühlemattstrasse 7, 8903 Birmensdorf

Kontaktpersonen: *Reinhard Möhrle,*
Chueweidweg, 8143 Sellenbüren,
Tel. 01 700 03 55
Dorothea Türler, Alte Zürcherstrasse 64,
8903 Birmensdorf, Tel. 01 737 27 11

Öffnungszeiten: *Sonntag, 10–12 Uhr,*
Schulen nach Vereinbarung

Eintritt: *frei*

Besuch: *geeignet ab 4. Klasse*

Schülerzahl: *maximal 15–20*

Was zu sehen ist:
Permanente Ausstellung: *Wohnen (19. Jahrhundert): eingerichtete Küche, Stube, Nebenstube und 2 Kammern.*

Sammlung *von Dokumenten, Bildern und Gegenständen aus dem dörflichen Bereich: häusliche Geräte, Bekleidung, landwirtschaftliche Geräte wie Pflüge, Obst- und Rebbaugeräte, Obstmühlen, Mostpressen, dörfliches Handwerksgerät, Wagnerei, Drechslerei, Küferei, Schmiede, Müllerei usw.*

Die Sammlung wird in **wechselnden Ausstellungen** *zu lokalgeschichtlichen Themen gezeigt.*

Zum Dorfmuseum (seit 1974)

Das Dorfmuseum befindet sich in der ehemaligen Vor- und Reibemühle, die bis um 1800 dem Kloster St. Blasien im Schwarzwald gehörte. In der zweiten Hälfte des 19. Jahrhunderts wurde das Gebäude in mehreren Schritten erweitert, eine wasserradgetriebene Drechslerei eingerichtet und eine Wohnung aufgestockt.

Anlässlich der 1100-Jahr-Feier Birmensdorf wurde darin ein Ortsmuseum eingerichtet. Die Wohnung ist als ländliche Handwerkerwohnung des 19. Jahrhunderts möbliert. Von der Drechslerei ist nur noch das Wasserrad mit dem Getriebe von 1876 erhalten und sichtbar. Alle übrigen Räume werden für wechselnde Ausstellungen benützt.

Das Museum ist im Besitz der Gemeinde und wird durch die Heimatkundliche Vereinigung Birmensdorf betrieben.

Der Name Birmensdorf deutet auf den Obstreichtum in dieser Gegend hin (ebenso: Bonstetten, Affoltern). Die Obst- und Traubenpressen wie auch die Weinstube weisen in diese Richtung und erinnern an die Zeit, als noch Trauben an den besonnten Hängen wuchsen (bis 1955).

In einem der «Beiträge zur Heimatkunde» (sie erscheinen seit 1970) wird im Zusammenhang mit einer Grundstückschenkung des freien Alemannen Adalpern im Jahre 876 an das Fraumünsterstift in Zürich der Name «piripoumesdorf» (Birnbaumdorf) erstmals erwähnt.

Es ist den Museumsbetreuern ein Anliegen, durch Vermittlung der Dorfgeschichte dazu beizutragen, dass Neuzuzüger und junge Mitbürger eine lebendige Beziehung zur Wohngemeinde bekommen und Wurzeln fassen können.

Das übersichtliche und liebevoll betreute Museum legt Zeugnis ab vom Eifer und Gestaltungswillen der «Arbeitsgruppe», die zum Wohle ihres Museums jede Woche einmal zusammentritt.

Nach Wechselausstellungen über Mühlen und Wasserwerke in und um Birmensdorf sind vorgesehen: Das Dorfbild in den Augen eines Malers – Obst- und Weinbau in und um Birmensdorf – Textile Tätigkeiten – Das Dorfbild früher und heute.

Hinweise für den Lehrer

1. Vorbereitung und Auswertung: *Schriften zur Heimatkunde von Birmensdorf, herausgegeben durch die Heimatkundliche Vereinigung:*
1. *Die Freischule von Birmensdorf von ihren Anfängen bis 1830/31, von Alvin Jaeggli, 1970.*
2. *Die Geschichte eines Talkessels, Geologie von Birmensdorf, von Paul Labhard, 1975.*
3. *«piripoumesdorf», Adalperns Schenkung an die Abtei Zürich 876, von Alvin Jaeggli, 1976.*

In verschiedenen Fächern bieten sich Themen an wie z. B. Wasserkraft, Wasserräder und Turbinen (siehe auch im «Anhang»): Alte Industrieanlagen und Handwerksanlagen), vom Korn (Verwertungsanlagen), Obstverwertung, Apfelsorten und (je nach Ausstellung) verschiedene Handwerke usw.

2. Führungen und Besuch: *Führung durch den Lehrer oder durch Mitglieder der Heimatkundlichen Vereinigung; Besuch in Gruppen mit Gruppenaufgaben oder Gang in Zweiergruppen durchs Museum mit Beobachtungsauftrag je nach Ausstellung.*

3. Beziehung Schüler/Gegenstände: *Je nach Ausstellung: anschauen, lesen, anfassen, Techniken ausprobieren.*

4. Arbeitsgelegenheiten: *Nicht genügend, sechs Arbeitsplätze in der Stube.*

5. Verpflegungsmöglichkeiten: *Dorfrestaurants, Picknick auf der Wiese neben dem Museum.*

6. Wanderungen:
– *Uetliberg: Urgeschichtliche Befestigungsanlage mit Wällen, Refugien, Grabhügel, mittelalterliche Burganlage Uetliburg (zerstört 1267); Mauern teilweise ausgegraben und sichtbar gemacht.*
– *Sellenbüren: Burgstelle einer hölzernen Vorburg der Uetliburg.*
– *Baldern: Burgstelle mit Wällen und Gräben.*
– *Zwischen Arni und Jonen: römischer Gutshof*

(Alle Vorschläge zwischen 1½ und 2½ Stunden.)

Dietikon

Ortsmuseum

Adresse:
Schöneggstrasse 20, 8953 Dietikon,
Tel. 01 740 48 54 (in der Regel nicht besetzt)

Kontaktpersonen: *Karl Klenk,*
Holzmattstrasse 15, 8953 Dietikon,
Tel. 01 740 86 87
Jean Stauber, Im Langsamstig 5,
8953 Dietikon, Tel. 01 740 42 69

Öffnungszeiten: *Sonntag, 10–12 Uhr,*
Schulen nach Absprache mit K. Klenk

Eintritt: *frei*

Besuch: *geeignet ab 4. Klasse*

Was zu sehen ist:
Lokalgeschichte: *Ausgrabungen aus der Römerzeit und dem Mittelalter mit Funden von den Burgen Glanzenberg und Schönenwerd. – Entwicklung von Dietikon in den letzten 100 Jahren.*

«Ofenkachel – Kachelofen»: *Geschichte und Verbreitung des Kachelofens in der Region. Heizbarer Kachelofen aus landwirtschaftlicher Liegenschaft, Kacheltypen, Varianten des «Nägelimusters» auf grünen Kacheln.*

In **Wechselausstellungen** *sind Künstler zu Gast; vorgesehen ist, auch einmal kunstvoll geschmiedete Schlösser, Waagen, alte Schreibmaschinen und Tierfallen in einem Raritätenkabinett zu zeigen.*

Zum Ortsmuseum (seit 1931)

Dietikons Ortsmuseum, das auf einen geglückten Umbau zurückblicken kann, besitzt die wohl umfangreichste Sammlung von Ofenkacheln verschiedenster Art. Sowohl in graphischer wie in bildhafter Weise wird der Werdegang der Kachel vom Lehmklumpen bis zum Ofenaufbau aufs schönste dargestellt. Ein grüner Kachelofen, in der kalten Jahreszeit geheizt, darf natürlich auch nicht fehlen.

Wir wissen sehr wenig über die ehemaligen Burgen Glanzenberg und Schönenwerd in der Nähe von Dietikon; um so wertvoller sind die interessanten Funde von den Burgstellen, so z. B. eine gotische Nischenkachel. (Die Höhlung der Kachel ist ausserhalb des Ofens!)

Mit Karten und Photos wird die Entwicklung von Dietikon in den vergangenen 100 Jahren aufgezeigt. Ausserdem geht der Blick zurück bis ins Mittelalter und zur Römerzeit, wie die weiteren Funde belegen.

Der Ausschnitt aus einer alten Karte veranschaulicht den Übergang der französischen Truppen unter General Massena über die Limmat bei Dietikon (2. Schlacht von Zürich 1799). Davon zeugen auch die gefundenen Hufeisen von russischen Kosakenpferdchen in den Ortsmuseen von Regensdorf und Unterengstringen.

Die Erinnerung an einen leidenschaftlichen Sammler, dem das Museum viele schöne Stücke verdankt, wird im Hause hochgehalten: Posthalter Heid, gestorben 1968.

Die sehr gute Präsentation des Sammelgutes wird unterstützt durch eine moderne Beleuchtungsanlage.

Zu den Abbildungen:
Mittelalterliche Blattkachel von der Burg Schönenwerd (oben); Buchbeschläg von der Burg Schönenwerd (oben rechts); Karwochenrätsche aus der Simultankirche Dietikon (bis 1927): Sie ersetzte in der Woche vor Ostern das Glockengeläute (rechts unten).

Hinweise für den Lehrer

1. Vorbereitung und Auswertung: *Ein Rekognoszierungsbesuch im Museum ist notwendig. Informationen über den Ort finden sich in den Neujahrsblättern von Dietikon, seit 1948.*

Es lohnt sich, der Geschichte und Verbreitung des Kachelofens in Dietikon und Umgebung seine Aufmerksamkeit zu schenken.

An der Geschichte vom Untergang des Städtchens Glanzenberg entzündet sich manche jugendliche Phantasie. (Dazu Walter Drack: Glanzenberg, Burg und Stadt. 2. A. Z. 1984.)

Thema: Die Römer im Limmattal. (Siehe auch archäologische Rettungsgrabungen 1984/85: Römischer Gutshof von ungewöhnlichem Ausmass und Alemannengräber!)

2. Führungen: *Je nach Wunsch: Lehrer oder Leiter des Museums. (Empfehlenswert sind Arbeitsaufträge für die Schüler zum gewünschten Bereich.)*

3. Beziehung Schüler/Gegenstände: *Anschauen, abzeichnen, teils «betätigen» unter Anleitung (Musikautomaten, Tierfallen...).*

4. Arbeitsgelegenheiten: *Ein Raum («Cafeteria») mit vier quadratischen Tischen (ca. 12 Plätze); Küche mit rundem Tisch (ca. 5 Plätze); Arbeitsraum Musikkommission (ca. 8 Plätze); Bänke im Park.*

5. Sehenswert: *Burgruine Schönenwerd; Ruinen von Städtchen und Burg Glanzenberg (ca. 30 Minuten).*

6. Verpflegungsmöglichkeiten: *Gasthaus Krone in Dietikon u. a.*

7. Rastplätze: *Im Park der Museumsliegenschaft; «Grunschen», 15 Minuten vom Museum an der Reppisch, mit Feuerstelle.*

8. Wanderungen:
– *Limmatweg (Zürich–Dietikon) mit Besuch des Klosters Fahr und der Burgruine Schönenwerd (Dietikon–Baden), je 2–3 Stunden.*
– *Dietikon–Hasenberg–Bremgarten (4 Stunden), Rückfahrt mit BDB.*
– *Dietikon–Aegelsee–Heitersberg–Teufelskeller –Wettingen/Baden (3–4 Stunden). Wanderkarte konsultieren!*

Dürnten

Ortskundliche Sammlung der Primarschule

Adresse:
Schulhaus Tannenbühl, 8630 Tann,
Tel. 055 31 37 80 (Lehrerzimmer)

Kontaktpersonen: *Walter Baumann,*
Primarlehrer, Kalchofenstr. 8, 8635 Dürnten,
Telefon 055 31 30 15
Edmund Ziegler, Primarlehrer,
Guldistudstr. 77, 8630 Tann, Tel. 055 31 62 61

Öffnungszeiten: *nach Vereinbarung.*
Grundsätzlich ist ein Besuch von Schul-
klassen an jedem Schultag möglich, vorzugs-
weise am Donnerstagnachmittag.
(Einmal jährlich ist die Sammlung im
Herbst – gemäss Inserat im «Zürcher Ober-
länder» – der Öffentlichkeit zugänglich.)

Eintritt: *frei*

Besuch: *geeignet ab 4. Klasse*

Was zu sehen ist:
Landwirtschaftliches Gerät, Handwerkszeug
(z. B. Hohlaxt für Brunnentröge, Eissäge,
Turpenstecher, Baumputzgerät, Teuchelboh-
rer), Käsereigeräte.
Feuerwehrutensilien, Beschläge, Schlösser,
Schlüssel.
Totenandenken (Bildkästchen), Schiefer-
kohle.
Kochherd aus Kosthaus, alte Masse, schönes
altes Geschirr, Beckenbüetzer-Gerät, altes
Spielzeug.
Hungerzettel (Hungersnot 1817); Bilder aus
der renovierten Kirche Dürnten (Renovation
1979–1981).

Keine Wechselausstellungen

Zur Ortskundlichen Sammlung (seit 1978)

Als «heimatkundliches Schatzkästlein» möchte man es gerne bezeichnen, dieses Dachboden-Museum im Primarschulhaus Tannenbühl, das zwei Dürntner Lehrer in jahrelanger, unentwegter Arbeit zusammengetragen haben. Man ahnt kaum, wieviel Mühe und Ausdauer es brauchte, bis uns hier dieses fröhliche Nebeneinander aus Urgrossvaters Zeiten empfangen konnte.

Unter dem windumbrausten Dachgebälk ist die Sammlung in ehemaligen Zivilschutzgestellen aufgebaut, säuberlich und übersichtlich dargestellt, und man fragt sich verwundert, weshalb fast der Eindruck einer grossen Stube entsteht. Wenn man erfährt, dass die vielen Kostbarkeiten, gesäubert und herausgeputzt, die Schulgemeinde als Eigentümerin in all den Jahren nur einige hundert Franken gekostet haben, kommt man aus dem Staunen nicht heraus, zumal der jährliche «Auskehr» – der ist nötig in der Winde – auch noch inbegriffen ist.

Eine Führung mit dem Sammler und Betreuer Walter Baumann, der eine persönliche Beziehung sozusagen zu jedem Gegenstand hat, ist ein ebenso vergnüglicher wie interessanter Ausflug in die Vergangenheit.

Aus der Fülle der Ausstellungsobjekte möchten wir einiges hervorheben: Da erfahren wir z. B., dass in Dürnten (Oberberg) von 1820 bis 1886 Schieferkohle (aus der Quartär-Formation, letzte Eiszeit) mit nicht sehr hohem Heizwert geschürft

wurde, zuerst im Tag-, nachher im Bergbau (vgl. z. B. die Braunkohlenbergwerke in Horgen und in Elgg, Tertiär-Formation).

Man versäume nicht, die früher üblichen Totenandenken, die z. T. künstlerische Gebilde (sogar aus Haar) hinter Glas darstellen, zu betrachten. Und wer noch nie Rationierungsmarken aus dem Zweiten Weltkrieg gesehen hat, der findet sie hier.

Einen Bohlenständerbau kann man immer nur von aussen anschauen; auf dem Dachboden ist ein Schnitt durch eine Bohlenwand sichtbar (siehe Ortsmuseum Altstetten: Block- und Bohlenständerbau).

Backmulden findet man noch an vielen Orten: ein Tischmodell wie das hier ausgestellte ist selten.

An die grosse Hungersnot von 1817 erinnert uns ein eingerahmter «Hungerzettel» (vgl. die Blätter zur Hungersnot 1816/17 im Ortsmuseum Marthalen).

Von Interesse sind auch im Treppenaufgang die Photos der ausserordentlichen Holzschnitzereien in der renovierten Kirche Dürnten (Renovation 1979–1981). Bei den archäologischen Untersuchungen, durchgeführt von Dr. W. Drack, kamen Bauteste von drei Vorgängerkirchen zum Vorschein, deren älteste ins 7. Jahrhundert zurückreicht (Zeit der Christianisierung durch Kolumban und Gallus)!

Geschichtlich eng verknüpft sind Kirche und Dorf. Dürnten war seit dem 8. Jahrhundert Gerichtshof des Klosters St. Gallen, später besass das Kloster Rüti die niederen Gerichte. Die Hoheitsrechte übten die Herren von Regensberg aus.

Das Museum im Schulhaus: ein Idealfall. Die Lehrer brauchen mit ihren Schülern nur ein paar Treppen hochzusteigen, und schon stehen sie vor einem Gegenstand, der zur Anschauung in einem bestimmten Fach dienen kann.

Hinweise für den Lehrer

1. Vorbereitung und Auswertung: *Bei der Besprechung mit dem Betreuer wird der Ablauf eines Klassenbesuches festgelegt. Es sind Führungen durch eine Person zu einem bestimmten Thema wie z. B. Milch, Butter, Käse / Getreideernte / Alte Masse und Gewichte / Wie kochte man früher? / Waschtag / Spielsachen usw. möglich. Ein Vorbesuch der Sammlung ist notwendig.*

Geschichtliches: Zwischen Ober- und Niederdürnten war eine römische Niederlassung, alemannische Gräber fanden sich bei Ettenbohl, Tann und auf dem Kirchberg. – Informationen zum Thema «Das Abenteuer einer Kirchenrestaurierung» finden sich im Separatdruck aus dem «Heimatspiegel» des «Zürcher Oberländers» von Dieter Trachsler, Mitbegründer des Ortsmuseums. Die Schrift enthält auch einen Abschnitt über die Geschichte der Gemeinde Dürnten.

2. Führungen: *Nach Absprache mit W. Baumann.*

3. Beziehung Schüler/Gegenstände: *Anschauen, z. T. in die Hand nehmen.*

4. Arbeitsgelegenheiten: *Leider keine.*

5. Sehenswert: *Ritterhaus Bubikon (Johanniterorden), 30 Minuten vom Schulhaus entfernt.*

6. Wanderungen:
– *Bachtel (Rüti–Tann–Garwid–Breitenmatt–Hasenstrick–Orn), ca. 1½–2 Stunden.*
– *Hohlauf, Batzberg (Rüti–Tanner Tobel–Fägswil–Giessenhöhlen am Batzberg und Burgstelle Batzberg–Wald (ca. 2½ Stunden).*
– *Jona-Unterlauf (Rüti–Widenchlösterli–Jona SG–Rapperswil) ca. 2½ Stunden.*

Eglisau

Ortsmuseum (im Weierbach-Huus)

Adresse:
Weierbachstrasse 6, 8193 Eglisau

Kontaktpersonen: *Hans P. Schaad,*
Eigenstr. 20, 8193 Eglisau, Tel. 01 867 42 00
(Präsident der Ortsmuseumskommission)
Otto Heller, Obergasse 58, 8193 Eglisau,
Tel. 01 867 01 26

Öffnungszeiten: *jeden 1. Sonntag im Monat,*
14.30–17.30 Uhr,
Schulen nach Vereinbarung
(Anmeldung bei O. Heller)

Eintritt: *Fr. 20.– pro Klasse*

Besuch: *geeignet ab 4. Klasse*

Was zu sehen ist:
Modelle und Bilder zur Burggeschichte des
Städtchens.
Fischerei im Hochrhein (vor allem Lachs-
fang), Fanggeräte, Weidling, Weidlingsbau.
Hausrat, Werkzeuge. Masse und Gewichte.
Geräte des Sinners (Eichmeister).
Kleine Bibliothek/Photothek (etwa 100 Bil-
der) zur Baugeschichte.

Keine Wechselausstellungen

Zum Ortsmuseum (seit 1958)

Nirgendwo anders wird über den interessanten Lachsfischfang im Rhein so ausführlich berichtet wie hier im Ortsmuseum Eglisau. Leider sind es

bereits etwa 70 Jahre her (1914), dass der letzte Lachs gefangen wurde. Schuld am Verschwinden des Fisches, der bis zu 34 und mehr Pfund wog (der schwerste, in Rheinfelden gefangene, legte 56 Pfund auf die Waage!), sind wohl neben der Wasserverschmutzung die verschiedenen Staustufen des Rheins mit den mangelhaften Fischtreppen. Der kraftvolle Fisch vermochte bis vier Meter hohe Hindernisse zu überspringen. Der Rheinfall (19 Meter hoch) setzte seiner Wanderung ein Ende.

Sauerstoffreiche Flüsse dienten den Meeresbewohnern als Laichplätze. Noch viele Gaststätten am Rhein und an seinen Nebenflüssen sind nach der kulinarischen Köstlichkeit «zum Salmen» benannt. Sogar die Äbte von Rheinau nahmen den gekrümmten, d.h. springenden Fisch in ihr Wappen auf (im Wappen des Ortes Rheinau ist der gestreckte, schwimmende Salm verewigt).

Mit Salm bezeichnete man den Fisch bis zum 21. Juni (längster Tag), wenn er noch fett und sein Fleisch rot war; Lachs hiess er später, wenn er magerer und verbraucht war (bis zum 21. Dezember, dem kürzesten Tag). Heute wird er noch in den lachsträchtigen nordischen Flüssen mit der Angel gefischt.

Dies und noch viel Interessantes können wir in einer Schrift von Hans P. Schaad nachlesen: «Von Fischern, Nasen und scharfen Spitzen» (Nasen = Fischart). Im Museum selbst wird in vielseitiger Weise gezeigt, was alles mit dieser Art von Fischfang zusammenhängt. Auch ein echter Weidling kann besichtigt werden. Es sind nicht mehr viele, die das Handwerk des Weidlingsbaues beherrschen.

Die Tatsache, dass der Kanton Zürich einzig bei Eglisau über den Rhein hinübergreift, verdanken wir letztlich dem Ritter Bernhard Gradner, der Freiherr zu Eglisau war und seinen Besitz 1460 den Zürchern abtrat. Seine eindrückliche Grabplatte ist in der Kirche zu sehen.

Wer über das geschichtlich bedeutsame Städtchen unterrichtet sein will, erfährt in Wort und Bild, aber auch durch prächtige Modelle viel Wissenswertes, so z.B. auch über den letzten Landvogt, den legendären Salomon Landolt.

Hinweise für den Lehrer

1. Vorbereitung und Auswertung: *Besprechung mit H. P. Schaad; Rekognoszierungsbesuch empfehlenswert.*

Fischfang früher und heute. Ganz allgemein Rheinstauungen, Kraftwerkbau (in diesem Zusammenhang Turbinenarten), Auswirkungen von Staus. Was bewirkte der Rheinstau in Eglisau? Rheinschiffahrt. Die Bedeutung von Auenwäldern, auch bei anderen Flüssen. Was ist eine Landvogtei, bis wann gab es sie bei uns?

Schriften (im Museum erhältlich): Prospekt über Eglisau; Historische Orientierungstafeln; Das Kurhaus in Eglisau 1880−1924, von H. P. Schaad; Die Brücken von Eglisau, von H. P. Schaad; Von Fischern, Nasen und scharfen Spitzen, von H. P. Schaad.

2. Führungen: *Auf Wunsch des Lehrers durch Leitung auf Anfrage möglich.*

3. Beziehung Schüler/Gegenstände: *Nur anschauen.*

4. Arbeitsgelegenheiten: *Keine; Sitzgelegenheit auf dem Vorplatz.*

5. Sehenswert: *Das Städtchen Eglisau (Spaziergang).*

6. Verpflegungsmöglichkeiten: *Auf dem Vorplatz, grosse Rastplätze auf beiden Seiten des Rheins, bei der Lochmühle und auf dem Salzhausplatz.*

7. Wanderungen:
− *Eglisau−Rüdlingen (ca. 2 Stunden)*
− *Rheinschiffahrt (sehr empfehlenswert)*
  Schiffahrtsbetriebe:
  René Wirth, 8193 Eglisau, Tel. 01 867 03 67
  E. Mändli, 8212 Nohl, Tel. 053 2 15 88

Elgg

Heimatmuseum (Humpergtrotte)

Adresse:
Wenige Minuten von der Gemeindekanzlei entfernt, ausserhalb des Fleckens

Kontaktperson: *Hedi Jucker, Kirchgasse 9, 8353 Elgg, Tel. 052 47 19 84*
(Präsidentin der Freunde eines Heimatmuseums)

Öffnungszeiten: *Mai—Oktober, jeden 1. Sonntag im Monat, 14—17 Uhr*

Eintritt: *an Sonntagen frei*
Gruppen oder Schulklassen Fr. 25.— nach Vereinbarung

Besuch: *geeignet ab 5. Klasse*

Was zu sehen ist:
Grosser Trottbaum, landwirtschaftliches Geschirr, Handwerkszeug.
Getreidemühle (Mehlmühle), 1668, Dreschmaschine, vollständige Landschmiede.
Trottmeisterstube, Schuhmacherei, Sattlerei, Kammacherei, Hafnerei; Schlitten, Feuerwehrgeräte.

Tafelwand: Gang durch die Geschichte von Elgg. Dokumente zur Lokalgeschichte.
Waffen; Schweizer Chronik von Joh. Stumpf; Wohn- und Schlafecke; Vergrösserung des Merianstichs von 1642 (2×3 m).

Wechselausstellungen: *Evtl. mit magazinierten Gegenständen.*

Zum Heimatmuseum (seit 1977)

Der Flecken Elgg, ursprünglich zum Kloster St. Gallen gehörend und 760 erstmals in der Schenkungsurkunde eines reichen Franken erwähnt, teilte im wesentlichen das Schicksal der habsburgischen Grafschaft Kyburg. 1384 wurde das Städtchen mit dieser Grafschaft an den Grafen von Toggenburg verpfändet und ging schliesslich bezüglich der Landeshoheit und der hohen Gerichtsbarkeit 1452 an die Stadt Zürich über.

Das Städtchen zählte im Mittelalter mit etwa 130 Hofstätten und rund 650 Einwohnern zu den grössten Siedlungen der Zürcher Landschaft.

Das Heimatmuseum befindet sich seit 1977 im mächtigen, 200 Jahre alten Trotthaus, wo das umfangreiche heimatkundliche Gut auf drei geräumigen Ebenen ausgestellt ist. Es befinden sich darunter einige besondere Sammelstücke, so z. B. die Stumpfsche Chronik (Froschauer 1548) oder die Versteinerungsfunde aus dem ehemaligen Braunkohlenbergwerk, welche auf die Zeit der Oberen Süsswassermolasse hinweisen (subtropischer Urwald vor etwa 15 Millionen Jahren). Der Gibbon-Unterkiefer, die Nashornzähne und der Schildkrötenpanzer erregten Aufsehen.

Didaktisch wertvoll ist die grossangelegte Tafelschau: Gang durch die Elgger Geschichte! Sie führt von der Erdneuzeit (Neozoikum) über die Bronzezeit zu den Römern und Alemannen und vermittelt interessante Einblicke in früheres Leben.

In diesem Zusammenhang ist auch die Elgger Kirche zu erwähnen, ist doch diese grösste spätgotische Kirche im Kanton Zürich – erstmals im Jahre 761 erwähnt – auf den Ruinen eines römischen Gutshofes errichtet worden. Sie besitzt als eine der wenigen zürcherischen Kirchen eine Krypta, deren unterirdischer Raum früher einige Zeit als Lager (Weinbau) diente.

Die grosse heimatkundliche Sammlung, die vom eigentlichen Trottraum mit dem doppelten Trottbaum (er weist eine Dicke von über einem Meter auf) bis zum Dachboden reicht, zeugt von der Vielfalt des handwerklichen und bäuerlichen Lebens. Etwas ganz Besonderes: die Werkstatt des Kammachers! Erwähnenswert ist ferner die heimelige Stube mit grünem Kachelofen im Trotthaus, die dem Trottmeister diente, heute indessen als Sitzungszimmer gebraucht wird.

Hinweise für den Lehrer

1. Vorbereitung und Auswertung: *Rekognoszierungsbesuch nach Besprechung mit der Leiterin Hedi Jucker.*

Es kann besonders gut auf alte Gewerbe eingegangen werden wie Schuhmacherei, Sattlerei, Hafnerei, Kammacherei, Schmiedehandwerk.

Erklären, wie eine Baumtrotte funktioniert.

Weitere Themen: Was Versteinerungen erzählen. Kohlenbergwerke im Kanton Zürich (in Elgg 1780 bis 1840).

2. Führungen: *Werden durch die Leitung durchgeführt.*

3. Beziehung Schüler/Gegenstand: *Nur anschauen.*

4. Arbeitsgelegenheiten: *Keine. Auf der langen Bank unter dem Vordach gibt es Sitzgelegenheiten für eine halbe Klasse.*

5. Sehenswert: *Der Flecken Elgg mit seiner Kirche. Das Schloss, im Besitz der Familie Werdmüller, ist leider nicht zugänglich (siehe auch den fellbezogenen Koffer des Generals Werdmüller im Museum).*

6. Verpflegungsmöglichkeiten: *Wirtschaften im Flecken.*

7. Wanderungen: *Mit dem Zug nach Turbenthal, Wanderung über den Schauenberg nach Elgg (ca. 3¹/₂ Stunden). Rückreise mit Zug. (Rastplätze auf dem Schauenberg.)*

Erlenbach

Ortsmuseum

Adresse:
Schulhausstrasse 40, 8703 Erlenbach
(im Souterrain des ref. Kirchgemeindehauses)

Kontaktperson: *Karl Kuprecht,*
Obmann des Ortsmuseums, Weinbergstr. 68,
8703 Erlenbach, Tel. 01 910 17 27

Öffnungszeiten: *jeden 3. Sonntag im Monat,*
10.30–12.00, 14.00–16.00 Uhr
(an Abstimmungssonntagen
10.00–12.00 Uhr)
Schulen nach Vereinbarung

Eintritt: *frei*

Besuch: *geeignet ab 4. Klasse*

Was zu sehen ist:
Rebbau, alte Dorfansichten, Weinpresse, Turmuhr.
Dokumentationen über das Dorf, Frühzeitsiedlungsfunde.

Sonderausstellungen *werden halbjährlich durchgeführt mit Themen aus dem Dorf: Kirche, Schule, Gebäude, Tobel usw.*

Zum Ortsmuseum (seit 1966)

Das Ortsmuseum fristet im Kirchgemeindehaus ein sehr eingeengtes Dasein; dadurch können schöne Sammelstücke nicht recht zur Geltung kommen.

Um so besser präsentieren sich verschiedene Dokumentationsbücher auf dem grossen Tisch des Museumsraumes: «Erlenbach, Geschichte einer Zürichseegemeinde», von K. Kuprecht und W. Imhof, 1981 erschienen; das Buch «Inventar», eine umfangreiche Dokumentation über das Dorf in Photos und Schrift; ferner die Sammlung «Häuser in Erlenbach», eine Beschreibung bestimmter Häuser in Erlenbach; nicht zu vergessen auch die «Dorfchronik», ein Jahrheft, das seit 1938 erscheint, verfasst von K. Kuprecht.

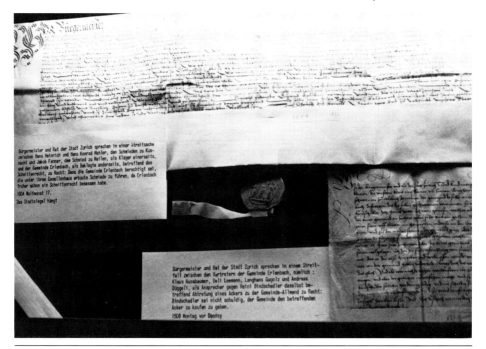

Wer also Erlenbach kennenlernen will, setzt sich an den Tisch und zieht die Bücher zu Rate.

Wer erinnert sich etwa daran, dass sich 1800 Johann Caspar Lavater, Anfang der vierziger Jahre Thomas Mann in Erlenbach aufhielten, und wer käme auf den Gedanken, dass Franz Kafka 1911 im Sanatorium Erlenbach, damals «Naturheilanstalt des Friedrich Fellenberg» (auf Kneipp-Basis), zur Kur weilte?

Es ist zu hoffen, dass sich die Pläne zum Umzug ins nahegelegene «Erlengut», vorläufig aus finanziellen Gründen nicht realisierbar, doch bald einmal verwirklichen lassen.

Das Museum wird betreut durch den Verkehrs- und Verschönerungsverein Erlenbach.

Hinweise für den Lehrer

1. Vorbereitung und Auswertung: *Kontaktnahme mit dem Obmann ist erforderlich.*
Evtl. Einbezug der im Ortsmuseum aufliegenden Dokumentationsbände. Ausserdem besteht eine Sammlung von ca. 800 Dias von alten und neuen Dorfansichten, ferner eine Photothek von Alt-Erlenbach und eine Bibliothek zum Zürichseegebiet mit etwa 250 Bänden.

Im Fach Geschichte lässt sich über früheste Siedlungen am Zürichsee reden, im Fach Heimatkunde (und Geschichte) über den Rebbau am Zürichsee usw.

2. Führungen: *Sie werden durch den Obmann durchgeführt. (Ausnahmen: Lehrer mit Klassen aus der eigenen Gemeinde.) Der Obmann gibt einen Überblick über die Dorfgeschichte.*

3. Beziehung Schüler/Gegenstände: *Anschauen. Gewisse Rebbaugeräte können in die Hand genommen werden, ebenso einige Frühzeitsiedlungsfunde. Leider steht im Museum kein Projektionsapparat für Dias zur Verfügung.*

4. Arbeitsgelegenheiten: *Im Museumsraum stehen zwei grosse Tische mit Bestuhlung; für eine ganze Klasse reichen sie jedoch nicht aus.*

5. Verpflegungsmöglichkeiten: *Picknick 5 Minuten von der Schifflände entfernt oder im nahen Tobel.*

6. Wanderungen: *Durch das Erlenbacher Tobel zur «Kittenmühle» (ca. 30 Minuten vom Museum aus).*

Eschikon-Lindau

Pflugsammlung und land-wirtschaftlicher Lehrpfad

Adresse:
Institut für Pflanzenbau,
ETH-Versuchsstation
(2 km nordöstlich von Lindau)

Kontaktpersonen: *Dr. A. Soldati und*
Dr. J. Schmid, Tel. 052 33 10 21

Öffnungszeiten: *nach Absprache*
bzw. Voranmeldung (Juni, Juli)

Eintritt: *frei*

Besuch: *geeignet ab 4. Klasse*

Was zu sehen ist:
– Sammlung von Pflügen *(ca. 10) und von*
Modellen *landwirtschaftlicher* Geräte *für*
die Bodenbearbeitung (z. B. rotierende
Egge).
– Landwirtschaftlicher Lehrpfad
Sammlung der wichtigsten Kulturpflanzen
(Ackerbau, Wiesenpflanzen) sowie von
Pflanzen alter Bauerngärten (Heil-, Färbe-,
Riech-, Zier-, alte Industriepflanzen, Ge-
würz- und Küchenkräuter).

Zur Pflugsammlung und zum landwirtschaftlichen Lehrpfad (seit 1977)

Das kleine Pflugmuseum zeigt eindrücklich die Entwicklung vom Wühlpflug bis zum modernen Kehrpflug. Es wird bereichert durch zierliche Modelle von ausländischen Pflugarten.

Der Übergang von der Bodenbearbeitung zu den Kulturpflanzen dürfte nicht allzuschwer zu vollziehen sein, hat doch das Forschungsinstitut mit Heimatkunde im weiteren Sinne zu tun. Für alle, die sich für das Leben der Pflanzen interessieren, ist der Besuch der hell erleuchteten Gewächshäuser ein Erlebnis. Was hier in den Laboratorien und Versuchskammern geschieht, ist hochinteressant: Gewisse Kulturpflanzen werden hier beobachtet, wie sie sich unter verschiedenen Bedingungen, die simuliert werden können (Temperatur, Luft, Licht usw.), verhalten.

Diese Grundlagenforschung soll die Voraussetzung schaffen, Probleme in der Landwirtschaft frühzeitig zu erkennen und so Wege zu einer optimalen Erzeugung landwirtschaftlicher Nutzpflanzen aufzuzeigen.

Bei der Besichtigung des landwirtschaftlichen Lehrpfades können Fragen über die Heimat und die Verbreitung, den Anbau und die Verwertung sowie die Besonderheiten der angebauten landwirtschaftlichen Nutzpflanzen besprochen werden.

Die Unterschiede zwischen den Getreidearten und die Besonderheiten der Hackfrüchte und Körnerleguminosen können beim genauen Betrachten der Lehrpfadpflanzen eindrücklich demonstriert werden.

Möchte man die vielfältige Zusammensetzung einer Naturwiese kennenlernen, so sind die wichtigsten Vertreter, die Gräser, Leguminosen und Kräuter in Kleinparzellen angebaut; Informationen über Eigenschaften und Standortansprüche dieser Wiesenpflanzen liegen vor.

Besonderes Interesse wird immer wieder den Pflanzen alter Bauerngärten entgegengebracht, bieten sie doch eine Vielfalt an historischen, farblichen oder auch geruchlichen Besonderheiten. Hauptvertreter dieses Teils des Lehrpfades sind die Riechpflanzen, Zierpflanzen, Heil- und Tee-

kräuter, Gewürz- und Küchenkräuter sowie alte Gemüse- und Industriepflanzen.

Der Besucher wird bei einer Führung durch den Sortengarten ob der Vielfalt verschiedenster landwirtschaftlicher Nutzpflanzen staunen und die spannende Geschichte von den «Urahnen» unserer Getreidearten bis zu den modernsten Zuchtsorten mit Interesse verfolgen können.

Es ist klar, dass Schulklassen darauf verzichten müssen, die Versuchskammern und Laboratorien zu besuchen. Indessen bieten Lehrpfad und Gewächshäuser genug interessanten Stoff. Empfehlenswert ist der Besuch im Juni/Juli, wenn die Pflanzen in Blüte stehen.

Hinweise für den Lehrer

1. Vorbereitung und Auswertung: *Der Vorbesuch des Lehrers ist notwendig.*
Einige Schriften des Instituts helfen ihm bei der Vorbereitung: Landwirtschaftlicher Lehrpfad (Ackerbau/Futterbau); Pflanzen alter Bauerngärten (Riechpflanzen, Zierpflanzen, Heil- und Teekräuter, Gewürz- und Küchenkräuter, alte Industriepflanzen); Führer durch den Sortengarten (Getreide, Kartoffel, Zuckerrüben, Futterrüben, Gemüse). Siehe auch: Korn, Dinkel, Spelzi (alte Kulturpflanzen der Alemannen).

2. Führungen: *Die Leiter übernehmen nach Rücksprache mit dem Lehrer die Führung (Dauer: 1¹/₂−2 Stunden). Seine Mitbeteiligung ist erwünscht. Den wichtigsten Teil bildet der Lehrpfad.*

3. Beziehung Schüler/Gegenstände *(Pflugmuseum): Die Gegenstände können teilweise in die Hand genommen werden. Zeichnen möglich.*

4. Arbeitsgelegenheiten: *Keine.*

5. Sehenswert:
− *Kant. Landw. Schule Strickhof (Führung möglich auf Anfrage, Tel. 052 33 16 21)*
− *Obere Mühle in Bassersdorf*
− *Kyburg*

6. Verpflegungsmöglichkeiten: *Im nahen Wald oder in der Kantine der Landwirtschaftlichen Schule Strickhof (ca. 5 Minuten), Tel. 052 33 16 21.*

7. Wanderungen:
− *Bassersdorf − Nürensdorf − Lindau − Eschikon (ca. 1¹/₂ Stunden)*
− *Effretikon − Eschikon (ca. 40 Minuten)*
− *Brütten − Eschikon (ca. ¹/₂ Stunde)*
− *Kemptthal − Eschikon (ca. 40 Minuten)*
− *Kemptthal − Kyburg (ca. 70 Minuten)*

Grüningen   Ortsmuseum

Adresse:
Schloss Grüningen, 8627 Grüningen

Kontaktperson: *Jürg Brunner, Talacher 34,
8627 Grüningen, Tel. 01 935 27 39*

Öffnungszeiten: *Mai–Oktober,
jeden Sonntag, 14.00–17.00 Uhr
(ausgenommen Sommerschulferien)*

Eintritt: *Erwachsene Fr. 1.—*
Kinder   Fr. –.50
Schüler   Fr. –.50

Besuch: *geeignet ab 4. Klasse*

Was zu sehen ist:
– *Frühzeit: Je eine Vitrine Hallstatt-,
Bronze- und Alemannenzeit*
– *Geschichte der Herrschaft Grüningen*
– *Zwei grosse Modelle des «Stettli»:
1. Zustand um 1750 / 2. Zustand 1970*
– *Münzen und Masse*
– *Verkehrsgeschichte (Schwergewicht Wetzi-
kon–Meilen-Bahn, WMB)*
– *Kleine exemplarische Waffensammlung*
– *Feuerwehrutensilien*
– *Bäuerliche Geräte (Torfstich, Teuchel,
Flachsbreche), schöne alte Mehlsäcke usw.*

Zum Ortsmuseum (seit 1947)

Das Museumsgut präsentiert sich im imposanten Schlossraum, der von einer gewaltigen Eichenstud mit Sattel gestützt wird, sehr übersichtlich und gut beschriftet. Die Fensternischen in den über zwei Meter dicken Mauern wirken wie kleine Stübchen und geben den Blick frei über die Baumkronen.

Das Ausstellungsgut reicht von der Hallstattzeit «bis zur Wetzikon–Meilen-Bahn». Viel Kostbares ist in modernen Vitrinen zur Schau gestellt. Anders als in den meisten Gemeinden erweist sich, dass das Ortsbild in den vergangenen 200 Jahren kaum Veränderungen erfahren hat, wenn auch vom ehemaligen mächtigen Schloss nicht viel mehr als der Palas (Hauptgebäude der Ritterburg) übriggeblieben ist.

Städtchen und Schloss blicken auf eine wechselvolle Vergangenheit zurück. Sie beginnt mit den Regensbergern (diese gründeten Schloss und Stadt, nachdem sie 1208 das gut sechs Kilometer entfernt liegende Prämonstratenserkloster Rüti gestiftet hatten), führt über die Habsburger (Rudolf von Habsburg!) und die Herren von Landenberg und endet schliesslich bei den Zürchern.

Zweimal erlitten die Bewohner Brandschatzung und Zerstörung in Kriegen. Bis 1798 wurde Grüningen von zürcherischen Landvögten verwaltet.

Die Darstellung der Geschichte der Landvogtei Grüningen nimmt mit ausgewählten Objekten, Urkunden, graphischen Darstellungen im Museum einen breiteren Raum ein.

Einheimisches landwirtschaftliches Gerät hat seinen luftigen Platz unter dem Dach eines ehemaligen Ökonomiegebäudes.

Ein sehr schön abgefasster und reich bebilderter Führer (Jahrheft 1977) erleichtert den lohnenden Rundgang.

Hinweise für den Lehrer

1. Vorbereitung und Auswertung: *Eine Vorbesprechung mit dem Museumsverwalter und der Vorbesuch des Museums sind notwendig.*

Zur Vorbereitung stehen viele, gut abgefasste Schriften zur Verfügung:
- *Zwei Hefte des Schweizerischen Kunstführers (Verfasser: Walter Drack, 1964, Emil Gehrig, 1983).*
- *Hans Ringger: Grüningen (Schweizer Heimatbücher, 176). Bern, Haupt, 1974.*
- *Verschiedene Jahreshefte der Heimatschutzgesellschaft Grüningen (Jahresheft 1977 ist ein Führer durch das Museum, ein weiteres Heft ist der Wetzikon–Meilen-Bahn gewidmet).*
- *Im Museum liegt überdies eine Mappe auf: Grüningen in alten Ansichten.*

Im Fach Geschichte kann im Zusammenhang mit einem Besuch z. B. folgendes behandelt werden: Frühzeit – Was ist eine Herrschaft? – Was ist unter einer Landvogtei, unter hoher und niederer Gerichtsbarkeit zu verstehen? – Was die Regensberger alles gründeten – Welche Rolle spielten die Habsburger? usw.

Im Fach Naturkunde: Flachsbreche, Flachs – Was ist Torf? – Torfausbeute heute usw.

Ausserdem lässt sich am Beispiel Grüningen sehr schön das Thema «Was war früher eine Stadt, was versteht man heute unter Stadt?» behandeln.

2. Führungen: *Die Führung durch das Museum ist nach Möglichkeit dem Lehrer selbst anheimgestellt.*

3. Beziehung Schüler/Gegenstände: *Besondere Wünsche können mit dem Museumsverwalter besprochen werden.*

4. Arbeitsgelegenheiten: *Auf Anfrage (bei Pfarrer Gugerli) kann das Religionsklassenzimmer im Schloss benützt werden.*

5. Sehenswert: *Ein Rundgang durch das «Stettli» mit Gerichtshaus und Mühle sollte in jedem Fall mit dem Museumsbesuch verbunden werden.*

6. Verpflegungsmöglichkeiten:
- *Gaststätten im «Stettli».*
- *Botanischer Garten Grüningen hinter der Burganlage (Rastplätze für Picknicks).*

Hegi-Winterthur

Schlossmuseum

Adresse:
Hegifeldstrasse 125, 8409 Winterthur

Kontaktperson: *Frau M. Baltensperger,*
Verwaltung, Schloss Hegi, Hegifeldstr. 125,
8409 Winterthur, Tel. 052 27 38 40

Öffnungszeiten: *Di–Do 14.00–17.00 Uhr*
Sa   14.00–17.00 Uhr
So   10.00–12.00 Uhr
*   14.00–17.00 Uhr*

Eintritt: *Erwachsene Fr. 1.—*
Kinder   Fr. –.50
Gruppen ab 15 Personen
20% Ermässigung

Besuch: *geeignet ab Kindergarten*

Was zu sehen ist:
– *Wohnkultur 16.–18. Jh.: reich ausgestattete Rauchküche, Vogtstuben, Schlafzimmer, gewölbtes gotisches Zimmer, Sommerlaube, Winterlaube, Rüstkammer*
– *Turmöfen*
– *Kanonen des Kadettenkorps*
– *Feuerspritzen der Winterthurer Teilgemeinden*
– *2 Kapellen – Archivraum*
– *Murerscher Stadtplan der Stadt Zürich*
– *Sammlung von Ofenkacheln*
– *Freskenreste aus der Kirche Turbenthal (1512).*

Keine Wechselausstellungen

Zum Schloss Hegi (seit ca. 1925 Museum)

Der Besucher des Schlosses erhält einen repräsentativen Querschnitt durch die Wohnkultur aus ungefähr drei Jahrhunderten. Durch den Einbau der Zimmer im Gessner-Bau ist auch der zürcherische Spätbarock mit guten Beispielen vertreten. Der Gessner-Bau ist der von Obervogt Hans Jakob Gessner um 1615 erstellte Verbindungsbau zwischen Ritterhaus und dem Südwestteil der Burg.

Professor Friedrich Hegi, übrigens ein später Nachfahre derer von Hegi, kaufte das Schloss 1915, restaurierte es pietätvoll und bewohnte es auch, bevor es – 17 Jahre nach seinem Tode – die Stadt Winterthur 1947 samt Inventar für 385 000 Franken kaufte. Professor Hegi war es auch, der die Gesindekammer und andere obere Teile mit Hausrat, Gewändern und Geweben, Spielzeug und ländlicher Keramik versah und so die historische Sammlung erweiterte.

Die ersten Herren von Hegi, die 1225 in der Geschichte auftauchen, entstammen einem Ministerialgeschlecht des Bischofs von Konstanz, auf dessen Land auch die ersten Teile der Burg entstanden (um 1200). Sie überwachten die hier eingespeicherten Naturalabgaben der Lehensleute und beschirmten die Zehntenleute.

Bedeutendster Besitzer war Hugo von Hohenlandenberg. Unter zürcherischem Besitz residierten hier – über 200 Jahre lang – 30 zürcherische Vögte (bis 1798).

Die Anlage der Burg, wuchtig und geschlossen wirkend, gilt als bedeutendes Beispiel eines Weiherschlosses, vergleichbar mit Hallwil, Hagenwil oder Bottmingen.

Der Rundgang erweckt den Eindruck einer echten, ursprünglichen Burg, vor allem in den Vogtstuben und im spätgotischen Zimmer mit der gewölbten Holzdecke. Die bürgerlich-bäuerliche Kultur wird in der Rauchküche, in zwei Zimmern im Obergeschoss mit bemalten Bauernschränken und einem Kastenofen mit blaubemalten Eck- und Füllkacheln sichtbar.

Glasgemälde leuchten in der oberen Kapelle. Sie zeigt ein achtteiliges bemaltes Sterngewölbe. In

verschiedenen Stuben ist die Kunst des meisterlichen Glasziselierens erkennbar.

In den Kellerräumen des Gessner-Traktes und des Fachwerkbaues sind Kanonen des Kadettenkorps und alte Feuerspritzen samt farbenfrohen Windlaternen der Winterthurer Teilgemeinden untergebracht.

Im Schloss befindet sich auch eine gutgeführte **Jugendherberge.**

Schloss Hegi gegen Oberwinterthur.

Hinweise für den Lehrer

1. Vorbereitung und Auswertung: *Schriften, im Schloss erhältlich:*
– *Hans Kägi: Schloss Hegi.*
– *Schweizerischer Kunstführer: Schlösser Wülflingen, Hegi und Mörsburg (alle bei Winterthur), von Hans Martin Gubler.*
Ferner sind Ansichtskarten erhältlich sowie ein farbiger Ausschneidebogen vom Schloss.

Ohne Frage eignet sich Schloss Hegi besonders gut, um das Thema «Die Burg und ihre Bewohner» zu veranschaulichen.

Zu erklären wären einige Begriffe wie: niedriger Adel, Ministeriale, Dienstleute, Vasallen, Lehensherr, Lehensleute, Zehnten, Zehntenleute, Zehntenscheune (wo noch?), Meierhof; Sterngewölbe, Ziselierkunst usw. (bitte wohldosiert!).

2. Führungen: *Durch den Lehrer oder jemanden von der Verwaltung.*

3. Beziehung Schüler/Gegenstände: *Nur anschauen; zeichnen möglich (z. B. Öfen, Möbel, Glasfenster usw.).*

4. Arbeitsgelegenheiten: *Im Museum keine, evtl. in der Jugendherberge oder im Garten.*

5. Sehenswert: *Die Altstadt von Winterthur. Vgl. dazu Schweizerischer Kunstführer: Altstadt Winterthur, von Karl Keller (1974).*

6. Verpflegungsmöglichkeiten: *Feuerstelle im Garten.*

7. Wanderungen:
Zum Beipiel ins Tösstal, auf die Kyburg; zum Technorama benötigt man 15 Minuten, zum Anschauen ein bisschen mehr!

Hinwil   Ortsmuseum

Adresse:
Oberdorfstrasse 11, 8340 Hinwil
(unterhalb der reformierten Kirche)

Kontaktperson: *Dr. A. Meili, Bezirksrichter,*
Langenrainstrasse 7, 8340 Hinwil,
Tel. 01 937 20 20

Öffnungszeiten: *März – Dezember,*
jeden 1. Sonntag im Monat, 14.00 – 17.00 Uhr
(Schulklassen nach Vereinbarung)

Eintritt: *frei*

Besuch: *geeignet ab 3./4. Klasse.*
Bei grosser Schülerzahl Aufteilung in zwei
Gruppen vorteilhaft.

Was zu sehen ist:
Möblierte Zimmer eines Zürcher Oberländer
Bauernhauses aus dem 18. Jahrhundert,
Stube mit grossem Kachelofen und Ofen-
treppe.
Küche mit altem Herd, Rauchfang und
Seechtkessi (Erläuterung siehe S. 40, Klo-
ten), zahlreiche Küchengeräte. Schlafkam-
mer mit Himmelbett. Zimmer mit kleinen
volkskundlichen Gegenständen.
Webkeller mit Webstuhl und Geräten der
Textilverarbeitung. Keller mit Geräten der
Feuerwehr, Schlitten, Ofenkacheln.
Modern gestaltetes Uniformen- und Waffen-
zimmer.
Im Dachstock Handwerksgeräte (z. B. Werk-
statt eines Störschuhmachers) sowie land-
wirtschaftliche Geräte, Masse und Gewichte.
Scheune mit grossen landwirtschaftlichen
Geräten und Teuchelbohranlage.
Dokumentenzimmer, Bibliothek.

Zum Ortsmuseum (seit 1925)

In dieser Kammer ist auch eine alte Haus-
orgel untergebracht. (Zu schön die Vorstellung, dass der Hausvater jeweils vor
dem Zubettgehen das schöne Abendlied
von Matthias Claudius «Der Mond ist
aufgegangen» gespielt haben könnte.)

Ein vorbildlich eingerichtetes Zimmer
stellt alte Waffen (Gewehre, Säbel, Pistolen) und Uniformen (bekleidete Puppen)
vor, die auch in einem besonderen Führer des Museums beschrieben sind.

Im Dachstock legen Handwerksgeräte (Schreiner, Zimmermann) und
landwirtschaftliche Geräte Zeugnis ab von der
Arbeit unserer Vorfahren.

Das reichhaltige Ausstellungsgut ist in einem
schön restaurierten Riegelhaus mit Fälläden aus
dem 18. Jahrhundert untergebracht. Die Behag-
lichkeit ausstrahlende Bauernstube mit dem grossen Kachelofen (Jahrzahl 1761) ist, wie auch die
Küche, im Originalzustand (Anfang 19. Jahrhundert) belassen worden. Die Küche mit dem alten
Herd, dem mächtigen Rauchfang und dem grossen Seechtkessi überrascht durch die vielseitige
Ausstattung mit Küchengeräten.

In der Schlafkammer steht ein Himmelbett: das
leinene Nachthemd – es wog nicht selten über ein
Kilogramm – und die Nachthäubchen erinnern
daran, dass es früher im Winter im oberen Stock
trotz der geöffneten Falltüre über der Ofentreppe
recht kalt war!

Besonders eindrücklich ist der Raum mit kleinen
volkskundlichen Gegenständen: Hebammenköf-
ferli mit allen Utensilien, Schöppeli, Brillen, Pfeifen, Petschaften, eine «Schnauztasse» (damit der
Schnauz nicht nass wird!), Uhren und viele andere
Dinge, die vom vergessenen Leben unserer Alt-
vordern erzählen.

Die zweite Wohnstube dient der Antiquarischen Gesellschaft, welche Besitzerin des Hauses ist, als Sitzungszimmer. Zwei schöne alte Uhren – die eine
im hohen Uhrengehäuse – zieren das Zimmer.

In der hinter dem Haus gelegenen kleinen
Scheune finden wir grosse landwirtschaftliche Geräte samt einer kleinen Fahrhabe.

Hinweise für den Lehrer

1. Vorbereitung und Auswertung: *Erforderlich ist die Besprechung mit dem Leiter und ein Vorbesuch des Museums.*

Schwerpunkte: Wohnen, Webkeller, Dachstock mit handwerklichen Geräten.

Gruppenarbeiten zu bestimmten Themen werden empfohlen (für Oberstufe z. B. Textilverarbeitung, Lesestoff in früheren Zeiten usw.).

Es bestehen Merkblätter für den Museumsbesuch, z. B. «Schule – Museum» (Merksätze: Museen – Leichenhallen der Kultur; Museen geniesst man in kleinen Portionen; Das Museum ist nicht bloss Ausflugsziel). Ferner: «Anregungen für Schulen» mit konkreten Themenvorschlägen.

Publikationen:
– «Waffen und Uniformen im Ortsmuseum Hinwil», 1980, von Robert Kuster
– «Aus der Frühzeit der Gemeinde Hinwil» (1200-Jahr-Feier 1945)
– «Jahrheft 1975», Jubiläumsheft mit Darstellung des Dorfes und am Rande auch des Museums.

2. Führungen: *Kennt der Lehrer das Museum von früheren Besuchen, kann er die Führung selbst übernehmen. Andernfalls ist eine Führung durch ein Vorstandsmitglied der Antiquarischen Gesellschaft Hinwil von Vorteil.*

3. Beziehung Schüler/Gegenstände: *Die Gegenstände können teilweise (nach Anweisung) in die Hand genommen werden.*

4. Arbeitsgelegenheiten: *In der Museumsstube, aber auch in der zweiten Stube (Sitzungszimmer) ist je ein Tisch mit 4 bis 6 Plätzen vorhanden.*

5. Sehenswert: *Ritterhaus Bubikon, Grüningen, Sägerei Stockrüti (Museumssäge mit Wasserrad-Antrieb und angegliederter Drechslerei und kleiner Schmiede!).*

Auskünfte: Verein zur Erhaltung alter Handwerke und Industrieanlagen Zürcher Oberland (Präsident: Dr. H. U. Etter, Bäretswil, Tel. 01 939 16 36).

6. Verpflegungsmöglichkeiten: *Gasthöfe in Hinwil. Bergrestaurant Bachtel und Restaurant Jägerhaus in Orn (unterhalb Bachtel). Man rechnet mit 1³/₄ Stunden auf den Bachtel von Hinwil aus.*

7. Wanderungen:
– Hinwil – Wildbachtobel – Ruine Bernegg – Girenbad – Bachtel (2 Stunden)
– Hinwil – Allmann (2 Stunden)
– Hinwil – Frechtried (Drumlinlandschaft Zürcher Oberland) – Oberhof – Bubikon mit Ritterhaus (ca. 1¹/₂ Stunden), evtl. Egelsee

Hirzel

Johanna-Spyri-Museum

Adresse:
8816 Hirzel (nahe bei der Kirche)

Kontaktperson: *Jürg Winkler, Brämenhalde,
8816 Hirzel, Tel. 01 729 92 67*

Öffnungszeiten:
*Mo 15.00—17.00, 19.00—20.00 Uhr
So 14.00—16.00 Uhr
(ausser Schulferien)
(Schulklassen nach Vereinbarung)*

Eintritt: *frei
(bei Führungen Fr. 1.— pro Person)*

Besuch: *geeignet ab Unterstufe*

Was zu sehen ist:
Im Kellerraum: *Fotoausstellung: Johanna
Spyri (1827—1901). Herkunft, Familie, Le-
ben und Werk dieser bedeutenden Schweizer
Jugendschriftstellerin.
Periodische Wechselausstellungen.*

Im 1. Stock: *Spyri-Stube: Erinnerungsstücke,
Handschriften, Briefe, Fotos, sämtliche
Werke.*

Wechselausstellungen *zur Heimatkunde von
Hirzel; Kunstausstellungen.*

Zum Johanna-Spyri-Museum (seit 1981)

Ein in seiner Art ungewöhnliches Heimatmuseum,
das Zeugnis ablegt von der bedeutenden Schweizer Jugendschriftstellerin Johanna Spyri.

Hier, in diesem schönen Hügeldorf, wurde sie
1827 geboren und verbrachte ihre Jugendzeit, die
in ihren Büchern immer wieder ihren Nieder-
schlag findet.

Leben, Werk und ihre Familie werden im prächtig
restaurierten Riegelhaus (es ist das ehemalige
Schulhaus aus dem Jahre 1660, in dem die Dichte-
rin selber noch die Alltags- und Repetierschule
besuchte) in zwei Räumen in Wort und Bild und
mit vielen Erinnerungsstücken eindrücklich dokumentiert.

Kaum ein Kind, das nicht einmal einen «Heidi»-
Film gesehen hätte. Was aber den wenigsten bekannt sein dürfte, ist die Tatsache, dass sich in der
Heidi-Gestalt viel Autobiographisches der Dich-
terin Johanna Spyri verbirgt.

Aus dieser Sicht drängt sich ausser dem Film die
Lektüre der «Heidi»-Geschichte auf, die auch ein
Stück Heimat lebendig werden lässt. Erst beim
Lesen der «Heidi»-Bücher erlebt man auch das
ganze Erzählertalent dieser Schriftstellerin und
ihre ausgeprägte Menschlichkeit. Eine gewisse
Identifikation des «Heidi» mit der Autorin könnte
das Spyri-Museum auf besondere Art für Schüler
anziehend machen und das Interesse an der Dich-
terin und ihrem Heimatort wecken. Es muss
schon seinen besonderen Grund haben, dass die
«Heidi»-Geschichte weltweit Verbreitung gefunden hat.

Wer das Geburtshaus von Johanna Spyri sehen
möchte, braucht keine fünf Minuten hügelan zu
steigen, um vor dem ehemaligen Arzthaus Doktor
Heussers zu stehen (Johannas Vater war Arzt und
Chirurg), heute Meta-Heusser-Heim genannt. Es
nimmt erholungsbedürftige Menschen zur Pflege
auf.

Schon Johannas Mutter war eine begabte Dichte-
rin; sie schrieb religiöse Gedichte. Von ihr ist z. B.
im Gesangbuch der Evangelisch-Reformierten
Kirchen der deutschsprachigen Schweiz ein Lied
enthalten.

Im ausgezeichneten Werk von Jürg Winkler: «Der
Hirzel, Bild einer Gemeinde», wird auch die ein-
zigartige Moränenlandschaft des Hirzels dargestellt. «… eine grossartigere Zeugenlandschaft
einstiger Vergletscherung wird man nirgends
sonst im Alpenvorland finden.» Diese Feststel-
lung stammt von Dr. phil. h. c. Walter Höhn-

Ochsner, einem ehemaligen Hirzler Lehrer, der sich um die geologische, botanische und zoologische Erforschung dieser Gegend, der «Heimwehgegend» der Johanna Spyri, verdient gemacht hat.

Dass hier vor vielen Millionen Jahren (in der Tertiärzeit) eine subtropische Landschaft mit wärmeliebenden Tieren (Nashörner, Tapire, Krokodile usw.) bestand, wird u. a. belegt durch den Fund einer versteinerten Fächerpalme vom Höhronen (neue Bezeichnung auf der Schulkarte des Kantons Zürich).

Das erwähnte Buch enthält neben der umfassenden Darstellung der Gemeinde u. a. auch das überaus lebendig verfasste Kapitel «Aus dem Alltag unserer Vorfahren».

Hinweise für den Lehrer

1. Vorbereitung und Auswertung: *Eine Besprechung mit dem Betreuer Jürg Winkler ist unerlässlich.*
Als Lektüre empfiehlt sich:
– *Jürg Winkler «Ich möcht dir meine Heimat einmal zeigen, Biographisches zu Johanna Spyri», 1982. (Auf Seite 153 dieses reizenden Buches ist die Alphütte abgebildet, die vermutlich das Vorbild für die Alphütte des «Alm-Oehi» im Heidibuch abgab.)*

– *Über die Gemeinde und die Landschaft wird man umfassend unterrichtet durch das Buch von Jürg Winkler «Der Hirzel, Bild einer Gemeinde», 1974.*

– *Ausserdem gibt es zwei gedruckte Blätter über Johanna Spyri.*

Für den Geschichts- und Heimatkundeunterricht: Moränen, ihre Entstehung, Gletscher und Eiszeiten, der Linth- und der Reussgletscher, Findlinge, *Erdzeitalter usw. (Viel Wissenswertes dazu findet sich im oben erwähnten Buch über den Hirzel.)*

2. Führungen: *Nach vorheriger Vereinbarung durch eigene Leute.*

3. Beziehung Schüler/Gegenstände: *Nur anschauen.*

4. Arbeitsgelegenheiten: *Grundsätzlich keine, evtl. einige im Bibliothekraum nebenan.*

5. Sehenswert: *Sihltal, die Moränenlandschaft und die Riegel-Bauernhäuser.*

6. Verpflegungsmöglichkeiten: *Gasthaus Morgenthal, 5 Minuten vom Museum (am Mittwoch geschlossen). Rastplätze an der Sihl (besonders beim Sihlsprung, ca. $^3/_4$ Stunden).*

7. Wanderungen:
Horgenberg (Postautokurse) – Hirzel – Sihlsprung – Hirzel (Postauto nach Horgen), 2 – 2$^1/_2$ Stunden.

Horgen   Ortsmuseum Sust

Adresse:

Bahnhofstrasse 27, 8810 Horgen,
Tel. 01 725 15 58 (Museum)
Hauswart M. Gabler, Tel. 01 725 02 80 (priv.)

Kontaktpersonen: *Albert Nägeli-Meier,*
Uetlibergstrasse 17, 8810 Horgen,
Tel. 01 725 52 53
(Führungen von Schülern und Gesellschaften
nach Vereinbarung)
Gottfried Ehrismann-Bär, Einsiedlerstr. 101,
8810 Horgen (Stellvertreter), Tel. 01 725 56 24

Öffnungszeiten:

So   10.30−11.45 und 14.00−16.00 Uhr

Eintritt: *frei (Geldspenden willkommen)*

Besuch: *geeignet ab 3./4. Klasse*

Was zu sehen ist:

Urgeschichtliche Funde «Horgener Kultur»;
lokales Handwerk (im Zusammenhang mit
dem Säumerbetrieb).
Kohlenbergwerk Käpfnach (1548−1947);
Zürichsee-Fischerei; Dampfmobil «Müsbei-
bahn», Postkutsche, alter Krankenwagen;
Masse, Eichmasse.
Windmühle, auch Röndel genannt (zum Put-
zen des Getreides), Pflug, Futterschneide-
maschine.
Seidenstube mit Apparaten aus der Zeit, da in
Horgen die Seidenindustrie blühte, Textil-
stube (Textilindustrie); Wohnen im 19. Jahr-
hundert: Bürgerstube und Küche.
Waffensammlung (vom Steinschlossgewehr
bis zum Karabiner), Geschosskugeln vom
Bockenkrieg.
Dokumentenzimmer, verschiedene Reliefs
von Horgen im Obersaal, kleine Bibliothek,
Phototek, Photos von «Alt-Horgen».

Wechselausstellungen *im Obersaal.*

Zum Ortsmuseum Sust (seit 1958)

Im kleinen Führer zu diesem vielseitigen und reichhaltigen Ortsmuseum lesen wir: «Seit dem 13. Jahrhundert war Horgen am Zürichsee neben Zürich der bedeutendste Umladeplatz für Waren. Der Handelsweg von Deutschland über den Gotthard führte über die Sust in Horgen (Sust = Rast- und Lagerhaus). Hier wurden auch die Güter gelagert und umgeladen, die aus dem Arlberg kamen. Ihr Weg führte über Sargans, den Walen- und Zürichsee nach der Sust in Horgen. Den Weitertransport nach Luzern, über den Brünig oder über Zug nach der Innerschweiz regelte der Sustmeister.»
Das heutige Gebäude, in dem das Ortsmuseum

untergebracht ist, stammt aus dem 17. Jahrhundert. Nachdem das Dampfschiff und bald darauf die Eisenbahn den Personen- und Güterverkehr übernommen hatte, verlor das Sustunternehmen in Horgen seine Bedeutung von einst. Im Jahre 1838 erwarb die Gemeinde Horgen die Liegenschaft von der Stadt Zürich für den Betrag von 4200 Gulden.
Als Besonderheit von Horgen werden im Museum gezeigt: der Sustverkehr, das Kohlenbergwerk Käpfnach, das im Zweiten Weltkrieg zum erstenmal rentierte, die Seidenindustrie − während deren Blütezeit im 19. Jahrhundert wurde Horgen «Klein-Lyon» genannt − und die Maschinenindustrie.

schen Landschäftlern und den Zürcher Truppen in der Nähe des Bockengutes (berühmtes Landgut aus dem 17. Jahrhundert, das eine Zeitlang als Bade- und Molkenkurort diente und heute dem Kanton gehört) ausserhalb des Dorfes abspielten. Es ging damals um die Gleichberechtigung der Landgemeinden mit der Stadt Zürich.

Der Obersaal dient neben Wechselausstellungen auch kulturellen Veranstaltungen. Er beherbergt überdies das grosse Relief 1:10000 des Raumes Horgen «Nid dem Wald» nebst vier weiteren Reliefs, welche die Entwicklung der Dorfschaft vom Jahre 1000 bis 1864 darstellen.

In der Dokumentenstube finden wir Urkunden über das Marktrecht, die Sustordnung, den Kirchenbau und den «Bockenkrieg», so genannt, weil sich die Gefechte zwischen den aufrühreri-

Hinweise für den Lehrer

1. Vorbereitung und Auswertung: *Der Lehrer bereitet sich am besten mit dem gedruckten Museumsführer «Die Sust in Horgen. Ein Ortsmuseum» (Fr. 1.50) vor. (Herausgeber ist die Stiftung für das Ortsmuseum und die Chronik der Gemeinde Horgen). Allfällige Rückfragen an den Präsidenten: Theodor Studer, Bergstrasse 40, 8810 Horgen, Tel. 01 725 48 84.)*

Seit einigen Jahren erscheinen auch die Jahrhefte *der Gemeinde Horgen (Jahrheft 1982: Das Braunkohlenbergwerk Käpfnach). Zur 1000-Jahr-Feier erschien 1952 von Paul Kläui das umfangreiche Werk «Geschichte der Gemeinde Horgen».*

Ferner existiert seit 1882 die «Geschichte der Gemeinde Horgen» von Johannes Strickler.

Schnittbogen «Sust», im Museum erhältlich.

Ein Rekognoszierungsbesuch des Museums ist zu empfehlen.

An Themen wird es kaum fehlen. Zum Beispiel: Transitverkehr über den Gotthard (Süddeutschland–Italien und umgekehrt). Welche Waren wurden hauptsächlich transportiert? Säumertiere und ihre Lasten. Verkehr auf dem Wasser (siehe auch Schiffahrtsmuseum Männedorf). Handwerker, die durch den Durchgangsverkehr ihr Brot verdienten. Geschichte der ersten Dampfschiffes auf dem Zürichsee 1835.

Unsere Braunkohle im Zweiten Weltkrieg (Präsident des neu gegründeten Bergwerkvereins: Paul Bächtiger, Sekundarlehrer, Klosterweg 3, 8810 Horgen, Tel. 01 725 05 82).

Formen eines Gefässes, das einem gefundenen Keramikgefäss aus der «Horgener Kultur» (ca. 5000 Jahre alt) ähnlich sieht (abgebildet im Jahrheft 1979, S. 4, in dem auch vom «Umschlagplatz Horgen» die Rede ist).

2. Führungen: *A. Nägeli steht für Führungen durch das Museum zur Verfügung. Eine Vorbesprechung mit ihm ist erforderlich. Lehrer, die das Museum schon kennen, führen in der Regel selbst.*

Gruppenarbeiten in dem vielseitigen Museum sind zu empfehlen.

3. Beziehung Schüler/Gegenstände: *Die Gegenstände können nicht angefasst werden.*

4. Arbeitsgelegenheiten: *Im Museum leider keine.*

5. Sehenswert: *Die reformierte Kirche in Horgen. (Zum 200jährigen Bestehen ist 1982 eine Schrift von Hans Martin Gubler über die reformierte Kirche durch die Schweizerische Gesellschaft für Kunstgeschichte herausgegeben worden.)*

6. Verpflegungsmöglichkeiten: *In der Nähe am See aus dem Rucksack; verschiedene Restaurants in der Umgebung.*

7. Wanderungen:
– *Säumerweg von der Sust nach Zug über den Horgenberg (Bergweiher mit Feuerstelle) – Sihlbrugg-Dorf – Zug (in Sihlbrugg-Dorf gibt es keine Bahnstation!), 3–4 Stunden.*

– *Von der Sust zum Bergweiher, dann nach Sihlwald (Endstation der Sihltalbahn), ca. 2 Stunden.*

Kilchberg   Ortsmuseum

Adresse:
Alte Landstrasse 170, 8802 Kilchberg

Kontaktperson: *Regula Zweifel, Kustos,*
Tiergartenstrasse 23 B, 8802 Kilchberg,
Tel. 01 715 52 63

Öffnungszeiten: *Di 14–16 Uhr*
Sa 15–17 Uhr
So 11–13 Uhr
(ab Mitte Juli während der Schulferien geschlossen)
Schulen und Gruppen nach Vereinbarung

Eintritt: *frei*

Besuch: *geeignet ab Mittelstufe*

Was zu sehen ist:
Schooren-Keramik von 1763 bis 1897 mit Lehrgang über Herstellung von Porzellan.

Rebbau: Arbeitsweise und Bedeutung in und für Kilchberg.

Fischerei: Arten, die in Kilchberg gepflegt wurden.

Vom Bauerndorf zur Vorstadtgemeinde. Geschichte von 800 bis 1940.

Leben und Werk des Dichters C. F. Meyer (sein Arbeitszimmer).

Zum Ortsmuseum (seit 1943)

Wiedereröffnung des Ortsmuseums: 23. Juni 1985: Das bisherige Sammelgut präsentiert sich in praktisch eingerichteten Räumen nach neuzeitlichem Konzept und mit guter Beschriftung.

Die Porzellanmanufaktur im Schooren wurde 1763 gegründet. Zu den Konsortiumsmitgliedern gehörten u. a. der Maler und Dichter Salomon Gessner, der die künstlerischen Bemalungsarbeiten stark beeinflusste, sowie der Ratsherr Johann Martin Usteri, der Vater des gleichnamigen Dichters.

Ein Kennzeichen des Schooren-Porzellans ist der ausgesprochen gelbliche Ton der Masse, der indessen für die hochstehende künstlerische Bemalung einen vortrefflichen, warmen Hintergrund abgab.

Trotz künstlerisch ausgezeichneter Arbeiten stellte sich der erhoffte Absatz nicht ein; trotz einer «Gelt- und Porcelain-Lotterie» und der Bestellung eines inzwischen berühmt gewordenen Tafelservices durch die Geheimen Räte in Zürich

(1775 als Dankesgeschenk für das Stift Einsiedeln) musste die Fabrik Ende 1791 mit sehr hoher Schuldenlast liquidiert werden.

Zwei Jahre später übernahm der Hafner und frühere Angestellte der Manufaktur, Mathias Nehracher aus Stäfa, die Fabrik. (Die Nehracher Würfelöfen mit grünen Kacheln sind auf dem Lande häufig anzutreffen.)

Nach dem Tode Nehrachers, um 1800, wurde die Fabrikation von Porzellan eingestellt. Dies vermutlich nicht zuletzt deshalb, weil die aus Lothringen importierte Porzellanerde Kaolin in ihrer Beschaffenheit qualitativ so unterschiedlich war, dass ständig «gepröbelt» werden musste.

Der Nachfolger beschränkte sich nur noch auf Fayence-Produkte. 1897 wurde der Betrieb endgültig eingestellt.

Eine zweite Fayence-Fabrik, gegründet im «Böndler» von Johann Scheller-Günthard, später verlegt in den Schooren, bestand von 1835 bis 1869.

Hinweise für den Lehrer

1. Vorbereitung und Auswertung: *Die rechtzeitige Besprechung mit Regula Zweifel (Anmeldung, Festlegung evtl. Schwerpunkte des Besuches) und der Vorbesuch des Museums sind notwendig. (Lebendige Darstellung eines Dorfes vor den Toren der Stadt Zürich. – Was ist eine Urkunde? – Wie sieht ein Pestarzt aus? – Was bedeutet Reislaufen für ein Dorf wie Kilchberg? – Was ist ein Landschreiber? – Riegelhäuser und Sommersitze. – Belagerung durch fremde Truppen, Hungersnot. – Weshalb «schiessen Vereine aus dem Boden»?)*

Vorläufig gibt es noch keine Prospekte und Schriften, ausser «fliegenden Blättern», die erstellt werden; dafür bietet die gute Beschriftung eine wesentliche Hilfe.

2. Führungen: *Klassen werden gerne geführt. Der Lehrer ist aber nach guter Vorbereitung auch selbst in der Lage, die Klasse zu führen.*

3. Beziehung Schüler/Gegenstände: *Gewisse Gegenstände können in die Hand genommen werden. Zu einem späteren Zeitpunkt werden die Schüler sogar einmal selber fischen können!*

4. Arbeitsgelegenheiten: *Im Museum sind leider keine vorhanden.*

5. Sehenswert: *Die alte Kirche von Kilchberg mit ihrem schönen, mächtigen Turm wird 1248 erstmals urkundlich erwähnt. Die wahrscheinlich im Gründungsjahr der Eidgenossenschaft erbaute Kirche ist im Alten Zürichkrieg mit ihrer gesamten Ausstattung verbrannt worden. Das Kloster Kappel, dem die Kirche samt den beiden Filialen Rüschlikon und Wollishofen seit 1407 gehörte,*

wurde nach dem Entscheid der Probstei Zürich verpflichtet, die Kirche einzudecken und zu unterhalten, während die Kirchgenossen den Bau auszuführen hatten. 1858 wurde sie zum letztenmal erneuert und erweitert; die letzte Renovation erfolgte 1934.

Dass dem Dichter C. F. Meyer (1825 – 1898) «sein Kilchberg» am Herzen lag, erfahren wir im Gedicht «Requiem»:

*Bei der Abendsonne Wandern
Wann ein Dorf den Strahl verlor,
Klagt sein Dunkeln es den andern
Mit vertrauten Tönen vor.*

*Noch ein Glöcklein hat geschwiegen
Auf der Höhe bis zuletzt.
Nun beginnt es sich zu wiegen,
Horch, mein Kilchberg läutet jetzt!*

Haus zum oberen Mönchhof: Stattliches Riegelhaus, ehemals Lehenshaus des Klosters Kappel, von 1707 bis 1842 Kanzlei des Landschreibers von Kilchberg-Thalwil, seit 1876 Gasthaus.

Brunnen nördlich der Kirche mit achteckigem Brunnenhaus und Kuppeldach.

6. Verpflegungsmöglichkeiten: *Restaurants in der Nähe, z. B. Schwelle oder Castello.*

7. Wanderungen: *Der ganze Zimmerbergrücken lädt zum Wandern ein.*

Kloten

Ortsmuseum («Büecheler-Hus»)

Adresse:
Dorfstrasse 47, 8302 Kloten

Kontaktperson: *R. Murmann, Hauswart, Büecheler-Haus, Dorfstr. 47, 8302 Kloten, Tel. 01 813 43 11 (zuständig für Führungen)*

Öffnungszeiten:
April – Oktober,
jeden 1. und 3. Sonntag im Monat,
14.00 – 17.00 Uhr

Eintritt: *frei*

Besuch: *geeignet ab 4./5. Klasse (max. 25 Schüler)*

Was zu sehen ist:
Wohnen: Küche mit Seechtkessi (= grosser Kupferkessel, eingelassen in gemauerter Feuerstelle zur Aufbereitung von viel heissem Wasser, z. B. für die grossen Waschtage, 2- bis 3mal im Jahr!), Vorratskammer, Stube, Kammern, Eheschlafkammer mit Himmelbett.
Lesezimmer mit Büchern und alten Dokumenten.
Raum «Schaffen und Werken im Hause»: Textil- und Nähstube mit Hutmacherecke.

Ortsgeschichtliche Sammlung: Von der Römerzeit bis zum Flughafen.
Handwerksgeräte: Wagner, Küfer, Schreiner. Land- und Forstwirtschaft: Aargauer Pflug. Schulstube. Alter Taufstein, Wasserversorgung. Waffenplatz. Feuerspritze.
Tonbildschau über die Entstehung des Flughafens Kloten.

Wechselausstellungen *über ortsgeschichtliche Themen sind im modernen Teil vorgesehen, wo auch Künstler ihre Werke zeigen können.*

Zum Ortsmuseum (seit 1983)

In einem prächtigen alten Bauernhaus mit Hofbrunnen und schattigem Nussbaum wurde das Ortsmuseum im September 1983 der Öffentlichkeit übergeben. In Kloten ist man stolz auf dieses älteste Bauernhaus der Gemeinde, das selber als schönstes Museumsstück gelten darf.

Es handelt sich um ein repräsentatives Bauwerk, einen ursprünglichen Bohlenständerbau mit später angefügtem Fachwerkteil, dessen Restaurierung und Neueinrichtung sich die Gemeinde zwei Millionen Franken kosten liess. (Siehe die Ausführungen über den ähnlichen Blockständerbau

bei der Beschreibung des Ortsmuseums Zürich-Altstetten. Der Unterschied: Beim Blockständerbau sind die waagrechten Füllungen zwischen den

senkrechten Stützen oder Ständern massive Holzblöcke, während es beim Bohlenständerbau dicke Bretter sind, sogenannte Bohlen.)

Erbaut wurde das Haus im Jahre 1548 vom Untervogt Joachim Büecheler, umgebaut nur einmal, nämlich 1616. In eigenwilliger, doch überzeugender Weise wurde das Alte (jetzt Wohnmuseum und Ausstellungsraum) mit dem Neuen (Wechselausstellungsräume und Saal samt Küche im ehemaligen Stallteil) verbunden, wobei das Äussere des Hauses keinerlei Beeinträchtigung erfahren hat.

Im Innern ist die freie Sicht über den Wohntrakt zum rauchgeschwärzten Dachgebälk mit der riesigen Winde und der Galerie (früher Heuboden) von eigentümlichem Reiz.

Das Leben unserer bäuerlichen Vorfahren wird in der ehemaligen Rauchküche, in Stube und Kammern in lebendiger Anschaulichkeit dargestellt. Das Lesezimmer lädt mit alten Dokumenten und Büchern zum Verweilen ein.

In der Textil- und Nähstube entdeckt man Hutmodelle und Hutformen einer Hutmacherin.

Die interessante Tonbildschau über die Entstehung des Flughafens Kloten ist in die ortsgeschichtliche Sammlung im Dachstock des Hauses integriert.

Hinweise für den Lehrer

1. Vorbereitung und Auswertung: *Der vorherige Besuch des Museums ist wünschbar. Ein Prospekt liegt vor. Mögliche Themen:*
- *Zeitaufwendiges Kochen. (Wieviel Zeit wird zum Beispiel aufgewendet, um heute einen Liter Wasser zum Sieden zu bringen, wieviel Zeit benötigt man für dasselbe in der Rauchküche [Holzherd], angefangen beim Wasserholen am Brunnen draussen, der Holzzubereitung usw.?)*
- *Die Gefahren der Rauchküche.*
- *Der Inhalt einer Räucherkammer. (Wie wird geräuchert?)*
- *Der grosse Waschtag. (Das Seechtkessi wird gebraucht, feine Buchenasche, kurz geschnittenes Stroh, Kernseife, um die wichtigsten Dinge zu nennen.) Es existiert über den früheren Waschtag eine illustrierte Beilage zum «Zürcher Oberländer», Nr. 5, Mai 1982, betitelt mit «Schauplätze der grossen Wäsche». Hier wird das «Seechtchessi» auch «Tolechessi» genannt.*
- *Ein Backtag im Bauernhaus (vgl. 22. Jahrheft des Zürcher Unterländer Museumsvereins 1981/ 1982, Ortsmuseum Oberweningen).*

2. Führungen: *Je nach Absprache durch ein Mitglied der Betriebskommission oder die Hauswartsfrau.*

3. Beziehung Schüler/Gegenstände: *Vorläufig nur anschauen.*

4. Arbeitsgelegenheiten: *Im Saal mit ca. 80 Plätzen, wenn er frei ist.*

5. Sehenswert: *Goldiges Tor (Grundwasseraufstoss, vgl. S. 11 im «Klotener Wanderbüchlein») – Naturschutzgebiet Eigenthal – Flughafen.*

6. Verpflegungsmöglichkeiten: *Der Saal kann gemietet werden. Eine kleine Küche ist vorhanden. Verschiedene Restaurants im nahe gelegenen Ortskern stehen zur Auswahl.*

7. Wanderungen: *Sehr empfehlenswert ist das hübsch illustrierte «Klotener Wanderbüchlein» samt Waldlehrpfad-Schlüssel vom Lehrpfad Chloos/Buhalm (S. 54). Es führt in die nähere und etwas weitere Umgebung Klotens und weist auf viele Natur- und andere Sehenswürdigkeiten hin.*

Herausgeber: Natur- und Heimatschutzkommission Kloten 1981 (Fr. 6.—). Bezug im Museum und bei der Stadtverwaltung (Tel. 01 813 43 11).

Küsnacht

Ortsmuseum

Adresse:
Obere Mühle, Tobelweg 1, 8700 Küsnacht

Kontaktpersonen: *Therese Gallusser,
Atelier Antica, Tobelweg 1, 8700 Küsnacht,
Tel. 01 911 05 47
Hermann Hotz, Apotheke, Zürichstr. 176,
8700 Küsnacht, Tel. 01 910 04 04 / 01 910 03 04*

Öffnungszeiten:
Do 14.00–17.00 Uhr / Sa 14.00–17.00 Uhr

Eintritt: *frei*

Besuch: *geeignet ab Mittelstufe*

Was zu sehen ist:
*Spezialität: Ess- und Kochkultur.
Im Keller: Weinbau, Ackerbau. – Feuerspritze.
Vitrine über archäologische und baugeschichtliche Untersuchungen.
Fundgegenstände von der Oberen Mühle.
Im 1. Stock: Modell vom Dorf vor der Überschwemmung 1778.
In Vitrinen:*
- *Über die Überschwemmungen in den Jahren 1778 und 1878.*
- *Über Bauliches der Oberen Mühle (Photos, Plan).*
- *Über den römischen Gutshof auf der Allmend in Küsnacht.*
- *Über den Ordensritter (Komtur) Schmid.*
- *Entwicklung der Färberei Terlinden.*

*Verschiedene Reminiszenzen von Alt-Küsnacht: Photos, Bilder, Stiche. Inventar über ein bestimmtes Haus: Daten, denkmalpflegerische Aufnahmen. Modell der Burg Wulp, Fundgegenstände, kirchliche Geräte.
Puppen in Zürcher Trachten.
2 Vitrinen mit Gewehren, z. T. in Küsnacht hergestellt.
Kücheneinrichtung mit backtüchtigem Ofen.
Barockbüffet (Zürcher Wellenschrankbüffet), verschiedene Kachelöfen.
Vorgesehene Wechselausstellungen:*
- *Postkartenausstellung*
- *Landarzt Hermann Hegetschweiler (Persönlichkeit beim «Stäfner-Handel»)*
- *Meinrad Lienert, der in Küsnacht lebte*
- *Zinnausstellung*

Zum Ortsmuseum (seit 1983)

Die mit ebensoviel Aufwand wie Geschichtsverständnis restaurierte Obere Mühle ist sowohl vom Bau wie vom Inneren her zum Musterbeispiel eines Ortsmuseums geworden. Der obere Teil (Obergeschoss und Dachstock) ist für die Jugendmusikschule reserviert, während in Keller und Erdgeschoss das Ortsmuseum untergebracht ist.

Der ausführende Architekt Heinrich Schollenberger hat mit ausserordentlicher Fachkenntnis und grossem Einfühlungsvermögen eine Atmosphäre geschaffen, die gleichermassen Echtheit und gemütvolle Beschaulichkeit ausstrahlt; diese Atmosphäre rührt vom Stein wie vom Holz, aber auch von den prächtigen Kachelöfen.

Ein Architekt braucht wohl neben grossem Fachwissen eine besondere «Spürnase», um Gegenstände aus dem Dorf oder von weiter her aufzutreiben, die, hier eingebaut und integriert, den Eindruck erwecken, als hätten sie «ihr Lebtag» im Hause zweckentsprechend und zur Zierde gedient. Beispiele zu Dutzenden, welche diese besondere Fähigkeit des Architekten belegen, wären da zu nennen, vom Goldkrönlein am Blitzableiter auf dem Dach über einige der sechs Kachelöfen im Haus bis zur spätbarocken Malerei im Täferzimmer. Letzteres, ein Täfer ursprünglich von einem Reichenauer Amtsmann-Haus in Schleitheim stammend, mit Pilastern und Kranzgesims versehen, war von einem «Störmaler» in gekonnter, spätbarocker Manier bemalt worden. «Dieser unbekannte Störmaler», so unser Architekt, «hätte ebensogut auf seiner Walz hier gemalt haben können.» Die Malereien sind Zeugnisse einer Malschule, die sowohl das süddeutsche wie das ostschweizerische Gebiet beeinflusste (ausgehend vom Kloster Reichenau).

Dass das alte Sammelgut in diesen Mauern besonders gut zur Geltung kommt, spürt jeder Besucher; zur Augenweide gesellt sich ab und zu Gaumenfreude, wird doch von Zeit zu Zeit zur Pflege der Ess- und Kochkultur nach alten Rezepten gekocht und gebacken. Welch ein Gefühl, wenn dem Museumsbesucher beim Eintritt der appetitanregende Duft des berühmten Zürcher Eintopfgerichts, der «Spanischen Suppe», in die Nase steigt!

Im Kellergeschoss der Oberen Mühle befindet sich ein Atelier, in dem «allerlei Altertümer» geflickt und restauriert werden können.

Hinweise für den Lehrer

1. Vorbereitung und Auswertung: *Die Besprechung mit einer der angegebenen Kontaktpersonen und der vorherige Besuch des Museums sind notwendig. Schriften, Prospekte usw. sind in Vorbereitung. Eventuell dienen die «Küsnachter Jahresblätter», die bei der Gemeindekanzlei erhältlich sind (Tel. 01 910 41 41).*

Die Ausstellung bietet viele Anregungen für den Unterricht. Die ältesten Teile der Oberen Mühle stammen wahrscheinlich aus dem 11. Jahrhundert; sie wären demnach älter als manche Ritterburg. Ein Vergleich von alten mit modernen Mühlen wäre wohl nicht uninteressant.

2. Führungen: *Der Lehrer kann selber führen.*

3. Beziehung Schüler/Gegenstände: *Nur anschauen. Ausnahme: grosse Ausstellungsstücke.*

4. Arbeitsgelegenheiten: *Im Hause keine, Sitzplätze beim «Känzeli».*

5. Sehenswert:
– *Kirche, Johanniterhaus (Lehrerseminar)*
– *Alte Häuser am Bach (Egli/Kuhn)*
– *Jürgenhaus, Amtshaus, Zehntentrotte (gehörte dem Kloster Kappel, bedeutende Fresken)*
– *Höchhus (ehemaliger mittelalterlicher Wohnturm)*
– *Seehof, Krone, Grebelhäuser, Sonne*
– *Burgruine Wulp oben im Küsnachter Tobel, im 13. Jahrhundert eine Burg der Regensberger, die ihr Amt als* Reichsvögte *ausübten.*

6. Verpflegungsmöglichkeiten: *Verschiedene Wirtschaften, evtl. beim «Känzeli».*

7. Wanderungen: *Findlingssammlung beim Tobeleingang, Waldlehrpfad.*

Kyburg   Schloss-Sammlung

Adresse:
Schloss Kyburg, 8311 Kyburg,
Tel. 052 29 46 64

Kontaktperson: *K. Büchler, Schlosswart,*
Schloss Kyburg, 8311 Kyburg

Öffnungszeiten:
März—Oktober,
9.00—12.00 Uhr / 13.00—17.00 Uhr
November/Februar,
10.00—12.00 Uhr / 13.00—16.00 Uhr
(Dezember/Januar geschlossen)

Eintritt:
Erwachsene Fr. 2.—
Kinder   Fr. —.50

Besuch: *geeignet ab 3. Klasse*

Was zu sehen ist:
Dokumente zur Geschichte der Kyburg und
ihrer Bewohner.
Burgkapelle.
Möblierte Interieurs (die Ausstattung stammt
aus Beständen des Schweizerischen Landes-
museums in Zürich).
Waffen des 15.–18. Jahrhunderts aus dem
Zürcher Zeughaus.

Zur Schloss-Sammlung (seit 1931)

Wer kennt sie nicht, die stolze, vieltürmige Fe-
stung auf einem steilen Bergsporn hoch über der
Töss, weit über Täler und Hügel blickend!

Der Ursprung der Burg liegt im dunkeln; wir wollen uns mit der Tatsache begnügen, dass die
spätere Burg im Jahre 1053 durch Heirat in die
Hände der Grafen von Dillingen kam. Ihre Nach-
kommen gründeten im 12. Jahrhundert die Stadt
Winterthur.

Als das Geschlecht 1264 ausstarb, trat Graf Rudolf von Habsburg das Erbe an. Im Jahre 1273
wurde er zum deutschen König gewählt, und von
da an war die Habsburg zeitweise die Residenz
von Königen und Herzögen, und die Burg diente
bis 1325 auch als sicherer Aufbewahrungsort der
Reichsinsignien oder Reichskleinodien (Krone,
Reichsapfel, eine Weltkugel mit Kreuz, die die
kaiserliche Weltherrschaft symbolisiert, Schwert,
Ornat), die heute in Wien aufbewahrt werden.

Von da an blieb die Burg lediglich einer der habsburgischen Verwaltungsmittelpunkte und kam
1424 in Form eines Reichspfandes an die Stadt
Zürich. Sie wurde die grösste Landvogtei im zürcherischen Hoheitsgebiet, bis sie nach dem Zu-
sammenbruch der Landschaftsverwaltung 1798
mehrmals den Besitzer wechselte und immer
mehr verfiel.

Es muss als ein Glücksfall bezeichnet werden,
dass die Burg 1917 (während des Ersten Weltkrieges!) vom Kanton Zürich mit kräftiger Unterstüt-
zung durch die Eidgenossenschaft und die Stadt
Winterthur von den Erben des letzten Besitzers,
Eduard Bodmer-Thomann, erworben werden
konnte, dem das Verdienst zukommt, in Zusam-

Porträt des Landvogtes Hans Lux Escher, um
1580, möglicherweise von Christoph Murer (obere
Ritterlaube).

menarbeit mit Johann Rudolf Rahn die Burg wieder in bewohnbaren Zustand versetzt zu haben.

Die Kyburg ist inzwischen längst zu einem viel-
besuchten Ausflugsziel geworden. Wer ist nicht
schon durch die weitläufige Anlage gewandert,
hat mit leisem Gruseln in die «Eiserne Jungfrau»
geguckt, die mächtige Schlossküche bewundert,

die Rüstkammer bestaunt und von einem Fenstersitz oder vom Turm aus den Blick über die ausgedehnten Wälder wandern lassen.

Die Bedeutung der alleinstehenden romanischen Kapelle als eigentliche kleine Kirche für hochadelige Geschlechter und mächtige Feudalherren wird unterstrichen durch die wertvollen FreskenMalereien. Es wird vermutet, dass in der Seitenkapelle die Reichsinsignien aufbewahrt wurden.

Ein sehr gut geschriebener und bebilderter *Museumsführer* (mit ausführlicher Bibliographie) gibt Auskunft über alles Wissenswerte des Schlosses (Schweizerischer Kunstführer, an der Kasse erhältlich zum Preis von Fr. 3.20).

Wandgemälde über dem Chorbogen zur Seitenkapelle. Anbetung der Heiligen Drei Könige, um 1400–1420 (Ausschnitt).

Hinweise für den Lehrer

1. Vorbereitung und Auswertung: *Die Anmeldung beim Schlosswart ist notwendig. Die Vorbereitung kann mit Hilfe des Museumsführers und/ oder durch den Vorbesuch des Schlosses geschehen.*
In der Modellbogenreihe des Pädagogischen Verlags des Lehrervereins Zürich existiert ein Schnittbogen von der Kyburg (Bestellnummer 414). Bestellungen an R.+F. Müller-Gremper, Postfach, 8126 Zumikon.
Die Kyburg ist für den Geschichtsunterricht eine Fundgrube. Man denke nur an die Bedeutung des Königs Rudolf von Habsburg für die Gründung der Eidgenossenschaft, ferner an König Albrecht (Königsmord und seine Folgen).
Die Beziehungen der Habsburger zur Eidgenossenschaft oder zur Stadt Zürich sind untersuchenswert.
Begriffe können geklärt werden: Hochadel, niederer Adel, Ministeriale, Dienstleute, Ritter, Landvogteien, Vögte, Untervögte (Voraussetzungen zur Besetzung eines dieser Ämter).

Das Leben in einer Burg des Hochadels, verglichen mit dem niederen Adel. (Die Burgen des niederen Adels im zürcherischen Gebiet waren sehr zahlreich, und es gibt sie z.T. auch heute noch, z.B. Hegi, Mörsburg, Grüningen.)
Handarbeit, Modellieren: Den Reichsapfel mit Kreuz (abgebildet in Lexiken).
Eine Tonbildschau kann im Schloss angesehen werden.

2. Führungen: *Immer durch den Lehrer, der die Schüler gut im Auge behält (weitläufige Anlage!).*

3. Beziehung Schüler/Gegenstände: *Objekte können im Schloss nur angeschaut, nicht angefasst werden.*

4. Verpflegungsmöglichkeiten: *In der Nähe, ausserhalb des Schlosses, aus dem Rucksack.*

5. Wanderungen:
– *Winterthur–Kyburg (ca. 2½ Stunden)*
– *Kemptthal–Kyburg (ca. 1½ Stunden)*
– *Sennhof–Kyburg (ca. ¾ Stunden)*

Männedorf

Zürichsee-Schiffahrts-museum und Heimethus

Adresse:
8708 Männedorf

Kontaktperson: *E. Baer, c/o Kantonalbank,*
8708 Männedorf,
Tel. 01 920 14 22 (G) / 01 920 43 91 (P)

Öffnungszeiten:
jeden Sonntag, 14.00−17.00 Uhr
(Schulklassen nach Absprache)

Eintritt: *frei*

Besuch: *geeignet ab 5. Klasse*

Was zu sehen ist:
Schiffsmodelle − Gegenstände der Schiffahrt auf dem Zürichsee.
Bilder und Texte zu den Themen (zur Zeit): Handelsrouten / Ledischiffahrt / Bootsbau.
Ein Zimmer dient der Ortsgeschichte: Alte Gegenstände, Werkzeuge usw. aus dem Dorf; Photoarchiv mit 3000 Platten.

Jährliche **Wechselausstellungen** *über die Schiffahrt auf dem Zürichsee.*

Zum Zürichsee-Schiffahrtsmuseum und Heimethus (seit 1977)

Das Museum dient einerseits der Darstellung der Zürichsee-Schiffahrt mit all ihren weitläufigen Ausstrahlungen in Vergangenheit und Gegenwart, anderseits aber auch der Gemeinde Männedorf, von der im gegenwärtigen Zeitpunkt erst ein kleines Sammelgut ausgestellt ist.

Der vorgesehene Ausbau des Museums wird sich unter anderem mit kriegswirtschaftlichen Ereignissen, der wirtschaftlichen Bedeutung der Schiffahrt für die ganze Region, Verkehrsfragen, Tourismus, Sport, Problemen der Navigation, des Wetters, der Seerettungsdienste befassen. Ferner soll die Geschichte der Hafenanlagen und Schiffahrtsrechte sowie die Schiffersprache mit ihren seltenen oder gar nicht mehr gehörten Ausdrücken dokumentiert werden.

Seinen endgültigen Standort wird das Museum erst nach Sicherstellung der finanziellen Mittel erhalten. Geplant ist eine unterirdische Anlage unter dem Heimethus, das sich auf einem Moränenhügel erhebt (ehemalige klassizistische Villa Liebegg, erbaut 1835), wobei das Sammelgut des Ortsmuseums in das dazugehörende Pächterhaus verlegt würde.

Gegenwärtig zeigt das Schiffahrtsmuseum, reich an Bildern, vorbildlich beschriftet sowie mit einigen Modellen ausgestattet, in erster Linie Handels- und Transportrouten auf dem Zürichsee. Hübsch beschrieben die Pilgertransporte und das «Märtschiff» nach Zürich, das man wegen des langen Schiffahrtsweges schon in der Nacht besteigen musste, wobei man sich auf gedeckten Schlafplätzen noch zur Ruhe hinlegen konnte...

Hinweise für den Lehrer

1. Vorbereitung und Auswertung: *Anhand der guten Beschriftung (grosse Tafeln in den Museumsräumen) kann sich der Lehrer während des Vorbesuches vorbereiten. Dabei wird ihm auch das reichhaltige Photomaterial gute Dienste leisten. Zu einzelnen Themen existieren bereits gedruckte Blätter.*
Die Tonbildschau kann vorläufig aus Platzgründen nicht vorgeführt werden.
Von einem Hombrechtiker Lehrer existiert ein Wettbewerbsblatt für Schüler (Pilger − Märt − Ledischiff und Funkspruch). Vielleicht interessieren den Besucher auch die Tätigkeitsberichte und die Statuten.
In der Modellbogenreihe des Pädagogischen Verlags des Lehrervereins Zürich gibt es einen Schnittbogen mit der Zürichseefähre (Autofähre). Be-

stellungen: R.+F. Müller-Gremper, Postfach, 8126 Zumikon (Bestell-Nr. 307).
Der Zürichsee mit seinen Ufern, seinem Fischreichtum, den Inseln, der Schiffahrt und den Ausflugszielen bietet dem Lehrer zahlreiche Möglichkeiten, um einige Abwechslung in seinen Unterricht zu bringen. Er vergesse auch nicht «Die Turnachkinder im Sommer» von Ida Bindschedler; vielleicht können auch noch andere· berühmte Dichter im Zusammenhang mit dem Zürichsee zum Zuge kommen.

2. Führungen: *Je nach Bedarf möglich.*

3. Beziehungen Schüler/Gegenstände: *Nur anschauen.*

4. Arbeitsgelegenheiten: *In einem Raum steht ein Tisch mit Stühlen für 8 Schreibplätze.*

5. Sehenswert:
– *Ritterhaus in Uerikon*
– *Schloss Rapperswil*
– *Weinbaumuseum Halbinsel Au (eher für Oberstufe geeignet)*
– *Orgelbau Th. Kuhn in Männedorf*

6. Verpflegungsmöglichkeiten: *Restaurants Bahnhof und Post.*

7. Wanderungen: *Pfannenstiel, von Stäfa nach Männedorf über Lattenberg (grosser Weinberg).*

18

Marthalen

Ortsmuseum und Wohnmuseum (2 Gebäude)

Adresse:
Hirschenplatz und am Bach,
8460 Marthalen

Kontaktperson: *Ernst Rapold, Museumsverwalter, Seegraben, 8460 Marthalen,*
Tel. 052 43 13 51

Kontaktadresse: *Gemeindeverwaltung,*
Im unteren Hirschen, 8460 Marthalen,
Tel. 052 43 13 86

Öffnungszeiten:
April–Oktober,
jeden 1. Sonntag im Monat, 14.00–17.00 Uhr

Eintritt: *frei (Führungen Fr. 30.—)*

Besuch: *geeignet ab 4. Klasse*

Was zu sehen ist:
Alte Dorfschmiede (funktionstüchtig), landwirtschaftliche Maschinen, Traktoren, Geräte für Haus und Hof.
Darstellung der Flachsbearbeitung, Handwebstuhl, Stoffdruck-Model, Rosshaar-Zupfmaschine (Rosshaarspinnerei Marthalen).
Grosse Baumtrotte (Weinbau). – Lachsfalle (Lachsfischerei). – Feuerwehrgeräte und -spritze.
Historisches aus der Kirche mit ehemaliger Turmuhr der Firma Mäder.
Zehntenpläne (1746 unter Herrschaft der Kyburg, im Feld aufgenommen).
Handkoloriertes Kräuterbuch 1527.
Photos historischer Theateraufführungen.
Weltmeistervelo des Marthaler Radprofis Ferdy Kübler.
Einfacher Hausrat im Taunerhaus (Taglöhnerhaus), 200 m entfernt im Wohnmuseum am Bach.

Keine Wechselausstellungen

Zum Ortsmuseum und Wohnmuseum (seit 1978)

«Man macht sich heute keine Vorstellung mehr, wie wichtig einst für unseren Kanton der Weinbau war. Anno 1901 gab es im Weinland nördlich der Thur noch 249 Trotten.» (Zitat aus «Siedlungs- und Baudenkmäler im Kanton Zürich», hrsg. von der Baudirektion des Kantons Zürich.)

Die vielen, ebenso stattlichen wie prächtigen Riegelhäuser im Weinland und am See sind Zeugen des Wohlstandes, den der Rebbau in die Dörfer brachte.

Wenn heute nur noch die grosse Baumtrotte an den früheren Rebbau erinnert (jahrzehntelang hatte Marthalen in unserem Jahrhundert keine Rebberge mehr; heute sind es wieder deren zwei), so war es nicht die verheerende Reblaus, sondern vielmehr der Mehltau und die fehlenden lagegünstigen (steilen) Rebberge, welche den Niedergang dieses Gewerbes herbeiführten.

Die sonnengünstigen Halden in den Nachbargemeinden («Korb» in Rheinau, «Schiterberg» in Kleinandelfingen, Rebhalden in Rudolfingen und Benken) hingegen blieben erhalten.

In den Nebengebäuden hinter einem der schönsten Riegelhäuser des Weinlandes, dem «Unteren Hirschen» (1715), liegt der Eingang zum Ortsmuseum. Es beherbergt eine grosse heimatkund-

liche Sammlung (Kirche, Vereine, einheimisches Gewerbe, Kuriositäten). Alte Dokumente, Photographien, Drucksachen, Schriften geben Auskunft über die Vergangenheit des Dorfes. Landwirtschaftliche Produktionsabläufe wie vom Flachs zum gefärbten Trachtenstoff oder von der Rebe zum Wein sind anschaulich dargestellt. Die Scheune beherbergt eine reiche Sammlung an landwirtschaftlichen Geräten und Maschinen für den Ackerbau und die Milchwirtschaft.

Im Wohnmuseum, im sogenannten «Taunerhaus», lernen wir die Wohnung unserer Urgrosseltern kennen, eine ärmliche, aber sehr schöne Wohnung, die von grossartiger Echtheit geprägt ist. Sie umfasst eine geräumige Küche mit Seechtkessi (Erläuterung siehe Seite 40, Kloten), eine Stube und eine Schlafkammer sowie einen Werkraum.

Marthalen besitzt ein Ortsbild von kantonaler Bedeutung, es gehört mit Stammheim zu den schönsten Riegelbaudörfern des Zürcher Weinlandes. Ein Dorfrundgang bis hin zur oberen Mühle (und dem Walmdachhaus von 1569) lohnt sich sehr.

Das Gemeindewappen, eine grüne Eiche in Gold, weist auf die im Holzhandel berühmten Marthaler Eichenwälder hin. Das Fachwerk der behäbigen Bauernhäuser ist denn auch vornehmlich aus diesen Laubbäumen gehauen. Die Fassaden der alten Häuser wirken durch den krummen Wuchs des Holzes besonders lebendig.

Hinweise für den Lehrer

1. Vorbereitung und Auswertung: *Eine Besprechung mit dem Verwalter und ein Vorbesuch der Museen sind gegeben. Zwei Schriften sind erhältlich:*
- *«Selbst gesponnen, selbst gemacht, ist die beste Kleidertracht» (3 Blätter zur Flachsbearbeitung).*
- *«Zum Andenken an die grosse Theurung und Hungersnoth 1816 und 1817 im Canton Zürich und fast in ganz Europa» (3 Blätter).*
Als Unterrichtsthema liesse sich die Not der Selbstversorger in früheren Zeiten bei Missernten besprechen und ein Vergleich mit der heutigen Situation der Nahrungsmittelimporte aus allen Teilen der Welt anstellen. Dazu die Frage: Weshalb müssen denn Millionen von Menschen heute noch hungern?
Weitere Themenvorschläge: Weinbau früher und heute – Alte und neue Gewerbe – Bodenbearbeitung gestern und heute – Herren von Kyburg. Oder: Über das Velo. (In Anlehnung an das attraktive Velo von Ferdy Kübler, das vor allem die Buben fasziniert. Sammeln von Modellen auf Bildern oder alten Photos.)

2. Führungen: *Der Verwalter führt im Beisein des Lehrers.*

3. Beziehung Schüler/Gegenstände: *Anschauen, Maschinen anfassen.*

4. Arbeitsgelegenheiten: *Keine.*

5. Sehenswert: *Das ganze Weinländer Dorf.*

6. Verpflegungsmöglichkeiten: *50–100 m vom Museum: Laden, Bäckerei, Metzgerei, Restaurant.*

7. Wanderungen: *Sehr schönes Wandergebiet:*
- *nach Ellikon am Rhein (einzige Drahtseilfähre im Kanton), 1¼ Stunden*
- *nach Rheinau mit Kloster und römischem Wachtturm (Führung möglich), 1½ Stunden*

19

Maschwanden

Dorfmuseum

Adresse:
8933 Maschwanden

Kontaktperson: *H. U. Steger, Gerbe,*
8933 Maschwanden, Tel. 01 767 04 92

Öffnungszeiten:
4mal jährlich
(Berchtoldstag, 2. Januar; Ostermontag;
1. August; Chilbisonntag, 1. Sonntag
im Oktober)

Eintritt: *frei*
(Führungen ausserhalb normaler Öffnungs-
zeiten Fr. 20.—)

Besuch: *geeignet ab 4. Klasse*

Was zu sehen ist:
Wohnstube mit Sekretär, Wandschmuck,
Schulphotos, Ämtler-Tracht usw.
Küche mit vielen Koch- und Essgeräten,
Backmulde, Schaukelbadewanne.
Kammern mit landwirtschaftlichen Geräten,
Truhe, Gerbereiwerkzeug, Leder- und Korb-
waren, Schreiner- und Wagnerwerkzeug.
Kinderschlitten, Schaukelpferd – Vitrine mit
Kleinwerkzeugen.
Keller mit land- und forstwirtschaftlichem
Gerät und einigen Weinbaugeräten. Pflüge,
Eggen, Handschlitten. Getreide-Wind-
maschine, Vorratsgefässe.
Photosammlung: Reiches Dokumentations-
material über bauliche Entwicklung, Reuss-
verbauung, Kiesabbau und ehemalige Burg-
ruine.

Zum Dorfmuseum (seit 1972)

Prekäre Raum- und Wohnverhältnisse zwingen die Museumskommission, das Dorfmuseum ausser an den vier offiziellen Besuchstagen nur ausnahmsweise für Schulklassen der nächsten Umgebung zu öffnen. Für die heimatkundliche Sammlung, die in einem an sich prächtigen Riegelbau des 18. Jahrhunderts untergebracht ist, bemüht sich die Kommission, ein geeigneteres Gebäude zu finden.

Die wenigsten auswärtigen Besucher werden Kenntnis davon haben, dass das bäuerliche Dorf mit seinen vielen schmucken Riegelhäusern einst ein befestigtes Städtchen war, etwas kleiner als Regensberg, allerdings mit kurzlebiger Vergangenheit. Noch ca. 1940 waren von dem ehemaligen Städtchen, dessen Standort sich etwas westlich des heutigen Dorfes in aussichtsreicher Lage befand, ansehnliche Ruinen zu sehen.

Gegründet wurde es von den Freiherren von Eschenbach, die 1185 bereits das Kloster Kappel gestiftet hatten. Als «Castrum» (befestigter Ort) wird es 1260 erstmals erwähnt.

Weil Freiherr Walter von Eschenbach zu den Ver-

schwörern gehörte, die König Albrecht 1308 in Windisch ermordeten, wurde nicht nur seine Burg zerstört, sondern auch das Städtchen ging in der Folge, nachdem es König Heinrich in die Reichsacht getan hatte, in Flammen auf.

Später kam Maschwanden zu Zürich und wurde der Zuständigkeit des Knonauer Landvogts unterstellt.

Bei der Erbauung der hochgotischen Kirche im Jahre 1504 dienten die alten Ruinen als willkommener Steinbruch.

Die spätere Kiesausbeutung ist daran schuld, dass von dem Hügel samt den letzten Mauerresten nichts mehr zu sehen ist.

Hinweise für den Lehrer

1. Vorbereitung und Auswertung: *Die Besprechung mit dem Museumsverwalter, H. U. Steger, ist notwendig.*
Maschwanden mit seiner schönen Lage an der Lorze und in der Nähe der Reuss bietet manchen Anreiz zu Themen, die in verschiedenen Fächern behandelt werden können, beispielsweise:
- *Das prächtige Naturschutzgebiet bis hinunter zur Mündung der Lorze in die Reuss (Lilien!).*
- *Probleme der Gewässerverschmutzung (Zugersee/Lorze).*
- *Reusskorrekturen, Naturschutz bei der Reuss, Auenwälder bei grösseren Flüssen, Befürchtungen bei Stauungen, z. B. Rhein bei Ilanz oder Donau unterhalb von Wien.*
- *Notwendigkeiten und Gefahren der Kiesausbeutung.*
- *Kraftwerke, z. B. altes Kraftwerk an der Reuss bei Ottenbach, das besichtigt werden kann. Weitere Hinweise siehe S. 127.*
- *Der Königsmord von 1308, Zusammenhänge und Folgen.*

- *Alte Landstädtchen.*
- *Landvogteien (die grösste war Kyburg).*

2. Führungen: *Führungen müssen unbedingt mit dem Museumsleiter abgesprochen werden.*

3. Beziehung Schüler/Gegenstände: *Anschauen; einzelne Gegenstände können auch angefasst werden.*

4. Arbeitsgelegenheiten: *Leider keine.*

5. Verpflegungsmöglichkeiten: *Am Lorzeufer, ca. 10 Minuten entfernt, kann aus dem Rucksack verpflegt werden; dort gibt es auch Feuerstellen.*

6. Wanderungen:
- *Maschwanden – Knonau – Maschwanden (ca. 1 Stunde)*
- *Maschwanden – Ottenbach (altes Industriekraftwerk, Tel. 01 7690369, Eugen Grob) (ca. 1½ Stunden)*
- *Kloster Frauental (Kanton Zug), Barockkirche, eigenes Elektrizitätswerk, grosser Landwirtschaftsbetrieb, Klostergarten (ca. 1 Stunde)*

20

Maur

Herrlibergersammlung und Burgmuseum

Adresse:
Burg Maur, Burgstrasse 8, 8124 Maur
(5 Min. von der Bushaltestelle Post Maur)

Kontaktperson: *Werner Suter, Primarlehrer, Mühlestrasse 1, 8124 Maur, Tel. 01 980 08 73 (evtl. Gemeindeverwaltung 01 980 22 21)*

Öffnungszeiten:
Jeden 1. und 3. Samstag im Monat, 14.00–17.00 Uhr (bei Wechselausstellungen erweitert)

Eintritt: *frei*

Besuch: *geeignet ab 4./5. Klasse*

Was zu sehen ist:
(Zur Herrlibergersammlung siehe Bericht zum Burgmuseum.)
Landvogt Salomon Landolt als Maler: drei Gouachen.
Wichtige Stationen aus Landolts Leben in Stichen von D. Herrliberger.
Kleine ortsgeschichtliche Sammlung auf dem Estrich: Handwerk, Haushalt.
Im Burgkeller: Originalmauerwerk von ca. 1200. Ofenkeramik. Eventuell Gruppenbesuch beim Burgschmied und in einem Kunstmaleratelier möglich (beides im Burgareal).
Abendmahlsgerät (Holz und Zinn) – Verschiedene Handwerke, besonders Zimmermann, Küfer, Schmied; Landwirtschaft.
Kupferstecherwerkstatt: Die Technik des Kupferstechens.
Schriften über die Burg als Meierei-Sitz der Fraumünsterabtei und über David Herrliberger als letzten Gerichtsherr auf der Burg Maur.

Wechselausstellungen *in der Regel im September/Oktober.*

Zur Herrlibergersammlung und zum Burgmuseum (seit 1976)

Die Herrlibergersammlung umfasst nahezu das ganze gestochene Werk des Kupferstechers und Verlegers David Herrliberger (1697–1777), welcher als letzter Gerichtsherr von 1749 bis 1775 auf der Burg Maur residierte.

Permanent ausgestellt sind Druckabzüge sämtlicher Zürcher Vogteisitze, Amtshäuser und mancher privaten Schlösser, ferner Darstellungen der Amts- und Kleidertrachten aller sozialen Stände Zürichs, viele «Ausrufer» (Strassenhändler mit ihren Kaufrufen), wichtige Ereignisse im privaten und öffentlichen Leben.

Das Ganze bietet einen vorzüglichen Querschnitt durch das 18. Jahrhundert im alten Zürich.

Den berühmten Landvogt Salomon Landolt lernen wir in drei Gouachen als Maler kennen, und

verschiedene Stiche Herrlibergers zeigen wichtige Stationen aus Landolts Leben (1741–1818), z.B. Wellenberg (Schloss im Thurgau), Wülflingen, Greifensee, Andelfingen, Eglisau u.a.

Die Burg zu Maur, ursprünglich ein einfacher Wohnturm, wahrscheinlich im 13. Jahrhundert erbaut, war Sitz des Meiers (lat. major = ein Grösserer, Oberer), eingesetzt zur Verwaltung der Klostergüter des Fraumünsterklosters in Zürich. Diese Epoche, in der sich die Meier allgemein zu Rittern (niederer Dienstadel) emporschwangen, dauerte etliche hundert Jahre.

Die Hauptaufgabe des Meiers bestand darin, dafür Sorge zu tragen, dass dem Kloster an seinen Erträgen nichts abging. Heute erinnert das in der Burg installierte Friedensrichteramt an die frühere Gerichtsherrschaft.

Hinweise für den Lehrer

1. Vorbereitung und Auswertung: *Anmeldung beim Betreuer und Gespräch mit ihm ist von Vorteil. Die Festschrift «Burg Maur» zur Einweihung der renovierten Burg Maur im Juni 1976, herausgegeben von der Gemeinde Maur, gibt dem Lehrer Auskunft über alles Wissenswerte (Burg, David*

Herrliberger, Gerichtsherrschaft, die ortsgeschichtliche Sammlung von W. Suter). 68 Seiten, Fr. 7.—.
«Geschichte der Gemeinde Maur», von Felix Aepli, 1979. 320 Seiten, Fr. 25.—.
Ferner: Hermann Spiess-Schaad: «David Herrliberger, Zürcher Kupferstecher und Verleger.» Verlag Hans Rohr, Zürich.
Alle drei Publikationen sind im Museum erhältlich und zur Einsicht aufgelegt.
Klärung der Begriffe: Gerichtsherr, Gerichtsherrschaft, Landvogtei; Verleger, Kupferstecher; ferner: Zehnten, niederer und hoher Adel. Darüber informiert auch das 1. Kapitel in: Werner Meyer/Eduard Widmer «Das grosse Burgenbuch der Schweiz.» Ex Libris Verlag, Zürich.
Modellbogen zum Ausschneiden: Ritterturm (Hardturm), erschienen beim Pädagogischen Verlag des Lehrervereins Zürich, zu beziehen bei R. + F. Müller-Gremper, Postfach, 8126 Zumikon.

2. Führungen: Sie sind durch den Klassenlehrer möglich, setzen aber gemeinsame Vorbereitung mit dem Betreuer der Sammlung voraus.

3. Beziehung Schüler/Gegenstände: Handwerksgerät kann unter gewissen Vorsichtsmassnahmen in die Hand genommen werden, Werkbank ist vorhanden. Im übrigen: Anschauen.

– Pfarrhaus: Ein stattlicher Bau, eine der frühesten datierten Fachwerkbauten der Zürcher Landschaft von 1563. Man beachte die optisch dominierenden senkrechten Pfosten, welche dem Bau eine strenge Schönheit verleihen (vgl. mit Riegelhäusern im Weinland, z. B. Marthalen). Dahinter das quadratische Waschhaus und die ehemalige (verbaute) Zehntenscheune. Oft ist die Dreiheit Kirche, Pfarrhaus, Waschhaus im Zürcher Oberland zu beobachten. (Man beachte auch bei der Darstellung des Ortsmuseums Kloten den Hinweis «Schauplätze der grossen Wäsche».)
– Bei der Burg: Säge mit (neuem) Wasserrad, Mühle und Mühleweiher.

6. Verpflegungsmöglichkeiten: Restaurant Schifflände. Getränkelieferung in die Burg zum Ladenpreis möglich. Verpflegungseinkauf im VOLG (5 Minuten von der Burg). Rastplätze evtl. im Burgkeller, kleine Wiese im Burgareal südwestlich der Burg und beim Mühleweiher.

7. Wanderungen:
– Pfannenstiel – Forch – Maur (2 Stunden)
– Maur – Forch – Küsnacher Tobel (Ruine Wulp) – Küsnacht (Höchhus = Wohnturm 13. Jahrhundert) (2 Stunden)

4. Arbeitsgelegenheiten: Im Burgkeller etwa 30 Plätze, in der Herrlibergerstube ca. 14 Plätze, alle an Tischen.

5. Sehenswert:
– Spätgotische Kirche (unter eidg. Denkmalschutz): Decke mit Flachschnitzereien, datiert 1511. Lange vor ihrer Erwähnung im Jahre 963 muss in Maur eine Kirche bestanden haben. Über römischen Resten sind am heutigen Standort zwei Vorgängerbauten nachweisbar (vgl. Kirche Elgg!).

– Maur – Guldenen – Meilemer Tobel (Ruine Friedberg) – Meilen (2 Stunden)
– Greifensee-Rundfahrt (Besuch des Städtchens Greifensee oder des Tierparks Silberweide, Mönchaltorf. Eventuell Fahrt mit Pferdefuhrwerk. Der Tierpark liegt am oberen Ende des Greifensees.) «Maur Ortskarte» 1:10000, 1981 (kartographisch sehr interessant) mit Wanderwegen.

21

Meilen   Ortsmuseum

Adresse:
Kirchgasse 14, 8706 Meilen

Kontaktpersonen: *Max Moser,*
Feldgüetliweg 141, 8706 Meilen,
Tel. 01 923 23 04
Hans Klöti, Im Schönacher 5,
8706 Feldmeilen, Tel. 01 923 09 14 (Kustos)

Öffnungszeiten:
Jeden Sonntag, 14.00–17.00 Uhr
(ohne allgemeine Feiertage)
(Schulen nach Vereinbarung)

Eintritt: *frei*

Besuch: *geeignet ab Mittelstufe*

Was zu sehen ist:
Urgeschichte.
Ausgrabungen von Pfahlbauten in Obermeilen.
Graphische Dokumente über Meilen und den Zürichsee.
Geschichte der Kirche Meilen.
Die Burg Friedberg und ihre Bedeutung.

Wechselausstellungen *zu aktuellen Themen der Gemeinde. Vorstellung von Künstlern aus der Gegend.*

Zum Ortsmuseum (seit 1927)

Die Gemeinde Meilen erwarb 1979 an der Kirchgasse ein ehemaliges Patrizierhaus, in dem die seit 1927 bestehende Sammlung neu eingerichtet und der Öffentlichkeit Anfang Februar 1985 zugänglich gemacht wurde.

ein; weitere Vereine werden folgen.

Die Gemeinde Meilen ist reich an stattlichen Bauernhäusern, z.T. in Riegelbauweise. Längs der Seeufer entstanden im Laufe des 17. und des 18. Jahrhunderts z.T. reich ausgestattete Land-

Vorerst sind in vier Räumen ausgestellt:
1. Funde von Pfahlbauten
2. Über die Burg Friedberg
3. Geschichte und Entwicklung der Gemeinde Meilen
4. Geschichte der Kirche Meilen

Weitere Räume dienen den Wechselausstellungen: Es präsentiert sich hier der Naturschutzver-

sitze von stadtzürcherischen Familien, z.B. Seehof, der graue Hof, das Landgut im Horn, zur Seehalde, Rothaus, Sonnenhof. (Siehe auch «Landsitze» im Ortsmuseum Zürich-Höngg.)

Auf dem Gemeindegebiet sind zahlreiche Funde von Pfahlbauten, aus der Bronze- und Römerzeit sowie von Alemannengräbern zu verzeichnen.

1. Vorbereitung und Auswertung: *Nach der rechtzeitigen Anmeldung bei Hans Klöti ist ein Vorbesuch des Museums sehr zu empfehlen.*

Prospekte über das Museum existieren noch nicht, hingegen werden die Heimatbücher *über Meilen dem Besucher eine Hilfe sein (herausgegeben von der Vereinigung Heimatbuch Meilen / Prof. Dr. H. Peter).*

Entstehungszeit um 1200. Im 13. Jahrhundert standen weite Teile des rechten Seeufers unter regensbergischer Herrschaft. 1306 bezeichnete Lütold VII. von Regensberg Friedberg als «unsere Burg». Wenig später ging die Burg durch Verkauf an den Ritter Götz Mülner von Zürich, der sich 1321 Mülner von Friedberg nannte. 1390 gehörte die Burg dem Stadtbürger Jakob Bletscher. Die

2. Führungen: *Besprechung mit Hans Klöti.*

3. Beziehung Schüler/Gegenstände: *Nur anschauen.*

4. Arbeitsgelegenheiten: *In der «Meilemerstube» ist Platz für eine Klasse.*

5. Sehenswert: *Die* Burgruine Friedberg *(gesicherte Fundamentsmauern). Die archäologischen Grabungen von 1976 bis 1979 förderten Fundmaterial von grosser kulturgeschichtlicher Bedeutung zutage: Ofenkacheln, Topffragmente, Spinnwirteln, Beschläge, Pfeilspitzen, als Seltenheit hölzernes Alltagsgeschirr, zwei kleine kupferne Schöpfkessel, erstaunlich gut erhaltene Lederstücke von Kleidern und Schuhen sowie ein krummes Blashorn, das als eines der ältesten Holzblasinstrumente der Schweiz gelten darf. Diese Funde – besonders ausgiebig die Funde im Sodbrunnen – vermitteln ein anschauliches Bild vom Leben auf einer mittelalterlichen Burg, und zwar auf einer jener zahlreichen Burgen, die nie im Rampenlicht der Geschichte standen.*

Die Burgstelle liegt in einer kleinen Senke hinter dem Weiler Burg oberhalb Meilen. Über die Geschichte der Burg und ihrer Bewohner weiss man recht wenig. Die Bodenfunde sprechen für eine

Burg scheint um diese Zeit langsam zerfallen zu sein. Seit 1593 gehört das nahe Gehöft samt dem Burgareal der Familie Wunderli. Die Ruine kann frei besichtigt werden.

Die gotische Pfarrkirche, erbaut 1493–1495, urkundlich schon 1310 erwähnt, mit prächtigem spätgotischem Gewölbe im Chor.

Gasthaus zur Burg, in der Nähe der Ruine Friedberg: Stattliches Riegelhaus mit Riegelausbau und zweiläufiger Freitreppe, hohem gemauertem Keller und Rundbogenportalen, erbaut 1676 von Untervogt Hans Jakob Wunderli.

6. Verpflegungsmöglichkeiten: *Verschiedene Restaurants in der Nähe des Museums. Im Museum selbst gibt es das «Teehüsli», das unter Aufsicht des Lehrers benutzt werden kann.*

7. Wanderungen: *Aufstieg durchs Meilemer Tobel (zur «Burg» und zur Burgruine Friedberg), ca. ¹/₂ Stunde. Oberhalb des Tobels über Restaurant «Luft» Richtung Wetzwil – Kittenmühle, durchs Erlenbacher Tobel nach Erlenbach. Reine Marschzeit Meilen–Erlenbach ca. 2 Stunden. Oder nach Toggwil auf den Pfannenstiel, die Okenshöhe und Hochwacht, ca. 1³/₄ Stunden von Meilen aus.*

22

Mörsburg (Schloss)

Schloss-Sammlung

Adresse:
2 km nördlich von Stadel
Postadresse: Museum Lindengut,
Römerstrasse 8, 8400 Winterthur

Kontaktpersonen: *Schlosswart,*
Tel. 052 37 13 96
Dr. Jürg Muraro (Konservator),
Rychenbergstrasse 104, 8400 Winterthur,
Tel. 052 22 22 80

Öffnungszeiten:
März – Oktober,
Di – So 10.00 – 12.00 Uhr / 13.30 – 17.00 Uhr
Januar/Februar, November/Dezember:
jeden So 10.00 – 12.00 Uhr / 13.00 – 17.00 Uhr
(keine Sonderregelung für Schulklassen)

Eintritt: *Erwachsene*   *Fr. 1.—*
         Jugendliche bis 16 Jahre   *Fr. –.50*

Besuch: *geeignet ab 3./4. Klasse*

Was zu sehen ist:
Im Burgkeller: Most- und Ölpresse, Riesenfass, Wirtshausschilder.
Auf 4 Geschosse verteilt: Handwerk und Kunstgewerbe des 17. – 19. Jahrhunderts; kostbares Glas, Keramik, Uhren, Textilien.
Waffen, Löschwesen, Möbel; Wappenscheibenzyklus des 19. Jahrhunderts (darauf dargestellt die Besitzer der Burg).
Nachgebaute Küche, Öfen.
Burgkapelle aus dem 13. Jahrhundert mit Dekorationen und Figuren von hohem künstlerischem Rang.
Graphisch sehr gute Darstellung des höfischen Lebens im Hochmittelalter; Tafeln mit Bildern aus der Manesse-Handschrift (Grosse Heidelberger Liederhandschrift der Minnesänger Manesse im 14. Jahrhundert).

Keine Wechselausstellungen.

Zur Schloss-Sammlung (seit 1902)

Zeichnung von Joh. Ulrich Schellenberg, um 1750 (Kunstverein Winterthur).

Am nördlichen Rand der Stadtgemeinde Winterthur, in Sichtverbindung mit Kyburg und Schloss Hegi, steht das Schloss Mörsburg, einst eine grosse, ausgedehnte Anlage. Heute ragt über die alten Laubbäume nur noch der mächtige, mit Megalithmauerwerk verstärkte Bergfried hinaus, dessen untere Mauern eine Dicke von gegen fünf Metern(!) aufweisen. Er ist Zeuge einer äusserst wehrhaften Anlage, die zu den ältesten im Kanton zählt.

Johannes Stumpf schreibt in seiner Chronik, dass in und um Winterthur 70 Burgen gestanden hätten (Chronik von ca. Mitte 16. Jahrhundert). Heute kennt man noch an die 40 Burgen und Burgruinen in dieser Gegend.

1598 kam die Mörsburg, die eine wechselvolle Geschichte hinter sich hat, als Lehen der Stadt Zürich an die Stadt Winterthur, die seit 1798 uneingeschränkte Besitzerin ist.

Seit 1902 beherbergt das Schloss einen ansehnlichen Teil der Sammlung des Historisch-Antiquarischen Vereins in Winterthur (siehe auch «Museum Lindengut» in Winterthur).

Im zweiten der insgesamt vier Geschosse (die zwei oberen können als Wohngeschosse bezeichnet werden) erfahren wir Wesentliches über das adelige Leben im Hochmittelalter. In Wort und Bild wird auf grossen, didaktisch vorzüglichen Tafeln aus der Manesse-Handschrift erzählt von Rittern und Burgen, über das religiöse Leben, die Jagd, von Festlichkeiten und den Ritterspielen.

In den übrigen Stockwerken kommen einheimisches Handwerk und Kunstgewerbe (vor allem aus Winterthur) z.T. in beleuchteten Vitrinen gut zur Geltung.

Kunsthistorisch wertvoll ist die kleine Burgkapelle aus dem 13. Jahrhundert.

Das oberste Geschoss enthält neben dem «ritterlich geprägten» Grossen Saal eine reich aufgebaute Küche. Dabei übersehe man nicht die seltenen «Lichthäuschen» (Stein-Laternen) im Rittersaal. Dem Besucher bietet sich vom Kleinen Saal aus eine eindrückliche Rundsicht. Kostbares Glas in einer Vitrine und zwei Pfau-Öfen (der eine mit biblischen Szenen auf den Füllkacheln) zieren diesen hellen Saal.

Im Burgkeller sind eine Obst- und eine Ölpresse nebst einem riesigen Fass zu sehen; zwei weit ausschwingende Wirtshausschilder zieren die Mauern.

Kapitell, Mitte 13. Jahrhundert, in der Schlosskapelle.

Hinweise für den Lehrer

1. Vorbereitung und Auswertung: *Besprechung mit dem Konservator und Anmeldung beim Schlosswart sind notwendig. Eine Beaufsichtigung der Schüler durch den Lehrer ist in der weitläufigen Anlage unumgänglich.*
Schriften: Schweizerischer Kunstführer: «Schlösser Wülflingen, Hegi und Mörsburg bei Winterthur», von Hans Martin Gubler, an der Kasse erhältlich.
Die vielen Einzelobjekte sollten für die Schüler mit Vorteil in einen grösseren Zusammenhang gebracht werden, z. B. in Themen wie Ausstattung einer Burg, Gebrauchsgegenstände im höfischen Leben, Kunstgewerbe früher usw.

2. Führungen: *Absprache mit dem Konservator Dr. J. Muraro. Der Lehrer kann auch selber führen.*

3. Beziehung Schüler/Gegenstände: *Nur anschauen.*

4. Arbeitsgelegenheiten: *Leider keine.*

5. Sehenswert: *In Oberwinterthur: Fresken in der Kirche, Überreste des römischen Kastells.*

6. Verpflegungsmöglichkeiten: *Im Restaurant Schlosshalde neben der Mörsburg (für Schüler wohl eher zu teuer). Es liesse sich auch in das nahe Dorf Rikkenbach ausweichen (ca. 30–40 Minuten). Natürlich bieten sich viele Rast- und Picknickgelegenheiten bei der Burg und im nahen Wald.*

7. Wanderungen: *Es gibt so viele Möglichkeiten, dass am besten eine Wanderkarte konsultiert wird. Die Mörsburg ist von der Endstation Wallrüti (Bus Nr. 1 ab Bahnhof Richtung Oberwinterthur) bequem in 3/4 Stunden zu erreichen. Rückweg über Stadel – Reutlingen – Stadtwald Lindberg – Bahnhof Winterthur (ca. 1 1/4 Stunden).*

Flugansicht von Südosten.

23

Neftenbach

Orts- und Weinbaumuseum
(2 Gebäude)

Adresse:
8413 Neftenbach
(ca. 1,5 km westlich des Dorfes, s. Wegweiser)

Kontaktperson: *Hans Brändle,*
Wolfzangenstrasse 17, 8413 Neftenbach,
Tel. 052 31 18 68 (P) / 052 25 12 22 (G)

Öffnungszeiten:
April–Oktober,
jeden 1. Sonntag im Monat, 14.00–17.00 Uhr
(für Schulen und Besuchergruppen
nach Vereinbarung)

Eintritt: *frei*
Besuchergruppen ausserhalb der ordentlichen Öffnungszeiten Fr. 2.— pro Person
(mindestens Fr. 25.—)

Besuch: *geeignet ab 3./4. Klasse*

Was zu sehen ist:
Stadttrotte: Benutzbare Küche (Zichorie als Kaffee-Ersatz!). Möblierte Stuben, bäuerlicher Hausrat.
Dokumente zur Lokalgeschichte, Weinetiketten-Ausstellung (älteste Etikette von 1842).
Trottenraum mit Mostpresse. Auf dem Estrich Hand- und Flachsverarbeitung (eine Schrift liegt auf). Werkzeuge, landwirtschaftliche Geräte, Getreidebau, Pflüge, Windmühle, Bandwebstühle.
Kleine Lukarne von der Kirche Neftenbach, sog. «Dachgaube» aus Ton.
Dorftrotte: Geräte für den Weinbau, Spindelpresse, Baumtrotte. Landwirtschaftliche Geräte, alte Feuerwehrutensilien.
Im Zusammenhang mit dem Sammelgut Veranstaltung von **Wechselausstellungen** *und sog. «Werk-Tagen», an denen alte Geräte zu neuem Leben erweckt werden.*

Zum Orts- und Weinbaumuseum (seit 1971)

Die Ausstellung im Orts- und Weinbaumuseum Neftenbach zeigt alte, heute nicht mehr verwendete landwirtschaftliche Geräte, bäuerlichen Hausrat, Werkzeuge, Kleider sowie Dokumente zur Ortsgeschichte, z. T. in Wechselausstellungen.

Schwerpunkte der Sammlung sind Weinbau, Hanf- und Flachsverarbeitung sowie Getreidebau.

Der Museumskommission stehen hiefür gleich zwei prächtige Riegelhäuser zur Verfügung. Das eine, genannt Stadttrotte (schon längst unter dem Namen «Herrentrotte» bekannt), gehörte Anfang des 18. Jahrhunderts stadtzürcherischen Familien. Es war damals die Zeit, da vornehme Stadtfamilien Landhäuser (vgl. auch Ortsmuseum Zürich-Höngg und Meilen) errichteten (siehe das «Herrenhaus» im Dorf).

Die Stadttrotte enthält Wohnräume und zeigt im Estrich Getreidebau, Handwerk und sehr anschaulich und ausführlich die Hanf- und Flachsverarbeitung «vom Samen zum Gewebe». Die aufliegende Schrift verdeutlicht die zahlreichen Arbeitsvorgänge.

Die Dorftrotte (am Stützbalken im Keller erkennt man die Jahreszahl 1626) beherbergt das Sammelgut für den Weinbau und zeigt auch eine schöne Baumtrotte. Als der Weinbau florierte, gab es allein in Neftenbach 21 Trotten!

Wenn man die herrlichen, nach Süden gerichteten Hügel des Irchels hinter dem Museum betrachtet (im Herbst ein traumhaft schönes Bild), erkennt man unschwer, welche grosse Rolle der Weinbau hier spielte.

Heute werden die grossen, der Stadt Winterthur gehörenden Rebberge von Winzern gepflegt, welche die Stadttrotte mit Küche und Stube (auch sie ist im Stadtbesitz) benützen.

So sind die beiden alten Häuser lebendige Museen, die viel von unseren bäuerlichen Vorfahren erzählen.

Hinweise für den Lehrer

1. Vorbereitung und Auswertung: *Eine Vorbesprechung mit Hans Brändle, dem Obmann der Museumskommission, ist erforderlich. Es existiert ein schön und übersichtlich gestalteter Prospekt. Über die Geschichte Neftenbachs gibt die Ortschronik Auskunft (Gemeinderatskanzlei). Neftenbach liegt im Weinland, westlich von Winterthur. Es liesse sich von der Irchelgegend reden, vom Weinbau, evtl. auch von der Töss und dem Tösstal. Mit dem Postauto ist Neftenbach vom Hauptbahnhof Winterthur zu erreichen.*

2. Führungen: *Sie sind durch den Lehrer oder durch die Leitung möglich, evtl. auch mit Schwergewicht auf einzelnen Sachgebieten. Eine Aufsichtsperson ist immer anwesend.*

3. Beziehung Schüler/Gegenstände: *Nur anschauen, zeichnen ist möglich.*

4. Arbeitsgelegenheiten: *Keine in den Museen.*

5. Sehenswert: *Die Warth-Mühle in Neftenbach. Das alte Wasserrad treibt einen Motorgenerator (der Netzstrom wird als Ausgleich bei ungenügender Wasserführung des Baches verwendet). Eventuell kann auch die Mühle besichtigt werden. Anfragen an Karl Angst, Tel. 052 31 15 15.*

6. Verpflegungsmöglichkeiten: *Solche bestehen in verschiedenen Wirtschaften im Dorf oder in den angrenzenden Gemeinden wie z.B. Dättlikon, Buch am Irchel. Rast- und Festplatz Chräen oberhalb Neftenbach (Gemeindekanzlei anfragen: 052 31 15 21).*

7. Wanderungen: *Das Irchelgebiet ist ein bevorzugtes Wandergebiet (schon im Prospekt ist ein Wanderkartenausschnitt). Oberhalb Buch am Irchel steht ein Aussichtsturm. Wanderrouten: «Auf Wanderwegen rund um Winterthur», von Otto Schoch (in Buchhandlungen).*

24

Nürensdorf   # Ortsmuseum

Adresse:
Im Schloss, 8309 Nürensdorf

Kontaktperson: *Dr. Paul Vock,*
Dorfstrasse 1, 8309 Birchwil, Tel. 01 836 65 69
(Präsident der Ortsgeschichtlichen
Kommission)

Öffnungszeiten:
Nach Vereinbarung mit Gemeindekanzlei
Nürensdorf, Tel. 01 836 51 58

Eintritt: *frei*

Besuch: *geeignet ab Mittelstufe*

Was zu sehen ist:
Nachlass der Familie Hess, Zürich (Familienarchiv als Depositum). Salomon Hess war Gerichtsherr im Schloss.
Ortsgeschichtliche Sammlung: Schule, Militär, Vereine, Ortsgeschichte, landwirtschaftliches Gerät.
Erinnerungen an die Schlossbrauerei Nürensdorf (1840–1901).
Das Museum, das sein Schwergewicht vor allem auf früheres Wohnen und die Dorfgeschichte legt, wurde 1976 der Öffentlichkeit zugänglich gemacht.

Wechselausstellungen *werden im Schlosskeller durchgeführt.*

Zum Ortsmuseum (seit 1976)

Das Ortsmuseum befindet sich im Schloss, das den Betrachter im ersten Moment eher an ein hübsch renoviertes altes Schulhaus erinnert denn an ein herrschaftliches Schloss.

Dem ursprünglichen Barockbau, den Salomon Hess 1760 erbauen liess, wurde bei der Renovation ein klassizistisches Aussehen verliehen. Salomon Hess war als Gerichtsherr (niedere Gerichtsbarkeit, vgl. Burg Maur) tätig.

Die berühmt gewordene Zürcher Familie Hess kam ursprünglich 1542 von Reutlingen in die Schweiz und besitzt ein Familienarchiv, das als Depositum im Schloss besichtigt werden kann.

Darin befinden sich Familienbücher, Briefe, Erinnerungsstücke der zu Ansehen gelangten Familie, man stösst sogar auf Briefe von Gottfried Keller und C. F. Meyer.

Der Stammbaum der Familie Hess, dargestellt auf einer Leinwand, die eine ganze Zimmerbreite einnimmt, umfasst die Zeitspanne von 1517 bis 1851; darunter sind berühmte Namen und sehr zahlreiche Familien. Was würde der ehrwürdige Salomon Hess gesagt haben, wenn er gewusst hätte, dass in seinem Schloss dereinst (von 1840 bis 1901) eine Bierbrauerei betrieben würde?

Heute zeigt noch der mächtige Keller mit gewaltigen Gewölben (versehen mit Tischen und Stühlen für 80 Personen) die sonst kaum mehr erkennbare Schlossherrlichkeit.

Im Gebäude sind ausser der Post noch Teile der Gemeindeverwaltung untergebracht.

Hinweise für den Lehrer

1. Vorbereitung und Auswertung: *Es empfiehlt sich eine Vorbesprechung mit dem Präsidenten der Ortsgeschichtlichen Kommission.*
Vorbereiten kann sich der Lehrer auch durch die Lektüre des Büchleins «Geschichten um das Schloss Nürensdorf» von Emil Guyer (auf der Gemeindekanzlei im Schloss erhältlich für Fr. 20.—).
Was ein Gerichtsherr und die niedere Gerichtsherrschaft waren, erfährt der Lehrer auch aus der Schrift über die «Burg Maur», 1976, reich illustriert, 68 Seiten, Fr. 7.—, erhältlich im Museum Burg, Maur.
Nürensdorf liegt nahe bei Bassersdorf; eine eher wenig bekannte, doch reizvolle Gegend.
Gerade am Beispiel von Nürensdorf lässt sich der Frage nachgehen: Was macht ein Schloss aus?

2. Führungen: *Sie werden durch ein Kommissionsmitglied durchgeführt.*

3. Beziehung Schüler/Gegenstände: *Nur anschauen.*

4. Arbeitsgelegenheiten: *Solche sind in genügender Zahl im Schlosskeller vorhanden.*

5. Sehenswert: *Beim Weiler Breite (siehe Schulkarte des Kantons Zürich) steht die St.-Oswald-Kapelle mit restaurierten Wandmalereien um 1400. Die Entstehungszeit des romanischen Baus ist ungewiss. Einzelne Elemente der Malereien erinnern an die Fresken in der St.-Stephan-Kapelle in Rikon (Tösstal), deren Entstehungsgeschichte ins 12. Jahrhundert zurückreichen dürfte. Grundriss und Mauerwerk der Oswald-Kapelle deuten darauf hin, dass man den Bau demselben Jahrhundert zuordnen kann. Die Kapelle steht hart nördlich der bis ins Mittelalter hinein begangenen römischen Strasse Vindonissa – Vitudurum, genau da, wo diese von Westen her die Hochebene von Brütten erreichte (erreichbar von Nürensdorf in etwa 1/2 Stunde).*

6. Verpflegungsmöglichkeiten: *Rastplätze gibt es oberhalb des Rebberges von Nürensdorf. Die Restaurants Bären und Linde befinden sich in der Nähe des Schlosses.*

25

Oberweningen   Ortsmuseum

Adresse:
8165 Oberweningen
(Fachwerk-Speicher hinter dem
Gemeindehaus)

Kontaktpersonen:
Heinrich Schärer-Marthaler,
8165 Oberweningen, Tel. 01 856 02 01
J. Bucher, Vorderegg 278,
8166 Niederweningen, Tel. 01 856 02 89

Öffnungszeiten: *nach Vereinbarung*

Eintritt: *frei*

Besuch: *geeignet ab 4. Klasse*

Was zu sehen ist:
Hauptsächlich Hausrat und Arbeitsgeräte
der Unterländer Bauern aus der Zeit vor der
Industrialisierung.
Wohnkultur, Wehntaler Trachten, Unifor-
men, Waffen, Masse und Gewichte.
Kirchliche Altertümer, Schulecke. – Geräte
für die Forstwirtschaft und die Hanf-¹ und
Flachsbearbeitung.
Weinbau, Mostpresse, Fahrhabe – Getreide-
putzmühlen (Windmühlen), Traubenmühle.
Werkstatt eines Schuhmachers, Dokumenten-
ecke, kleine Bibliothek.
(In Vorbereitung: Raum mit prähistorischen
Funden, neuer Museumsführer.)

Zum Ortsmuseum (seit 1936)

Im prächtigen Fachwerk-Speicher aus dem 18. Jahrhundert hat der Unterländer Museumsverein (der Besitzer des Museums) sein Sammelgut untergebracht.

Wenn der Verfasser des kleinen (vergriffenen) Museumsführers meint, diese Sammlung von rund 150 Ausstellungsgegenständen sei «eine der bescheidensten», so darf doch betont werden, dass sie liebevoll betreut und dargeboten wird.

Mit wenig Aufwand ist eine gemütliche Stube und eine Schlafkammer mit dem Himmelbett des Jakob Schärer und der Katharina Kofel aus dem Jahre 1818 hergerichtet worden. Das Leinenhemd auf der Bettdecke wiegt 1,1 Kilogramm. Wie Leinen hergestellt wird, erfährt man an einer aufgehängten Tafel, wie denn die Flachsbearbeitung sehr instruktiv mit den dazu benötigten Geräten dargestellt ist.

Der Hanf – mit Stengeln bis zu drei Meter Höhe, vor ca. 50 Jahren hier noch häufig angepflanzt – wurde eher für gröbere Stoffe, auch für Säcke und Seile, verarbeitet.

Sehr schöne Wehntaler Trachten (bekleidete Puppen) für Erwachsene und Kinder lassen erkennen, dass die Männertracht schon vor 1900 nicht mehr getragen wurde (warum?), während die Frauentracht nie ganz verschwunden ist.

Die schwere, eiserne Geldtruhe mit 16 Geheimschlössern stammt vermutlich vom Amtsrichter Heinrich Meier, der als «Kastenvogt» und als stellvertretender Untervogt des Regensberger Landvogtes das Vermögen des «Kirchspiels im Wehntal» zu verwalten hatte.

Eine um 1415 gegossene Glocke, verschiedene alte Waffen, Feuerwehrgeräte, landwirtschaftliche Geräte und eine Fahrhabe ergänzen die Sammlung.

Hinweise für den Lehrer

1. Vorbereitung und Auswertung: *Die Besprechung mit einer Kontaktperson und der Vorbesuch des Museums sind wichtig. An Schriften können konsultiert werden:*
– Der kleine, gut verfasste Museumsführer.
– Jahrhefte des Zürcher Unterländer Museumsvereins, seit 1936.
Eine kleine Bibliothek steht Interessenten ebenfalls zur Verfügung.
Es liegt nahe, auf die Verarbeitung des Flachses und des Hanfs einzutreten, evtl. einzelne Geräte zu zeichnen.
Im Fach Geographie liesse sich z. B. das Unterland mit dem Oberland vergleichen.
Trachten und ihre Bedeutung: Siehe dazu Vorwort zu einem Artikel von Praxedis Kaspar im «Heimatspiegel», Illustrierte Beilage zum «Zürcher Oberländer», Wetzikon, Heft 5, Mai 1976: «Trachte mached Lüüt.» Darin schreibt der Autor: «Eine Tracht – soviel ist sicher – ist kein Kleid wie jedes andere. Sie drückt eine innere Haltung des

Trägers oder der Trägerin aus, Liebe zur Heimat vielleicht, oder das Wissen, wohin man gehört, Freude an der Überlieferung und – heute ganz im Gegensatz zu früher – stolzes Selbstbewusstsein der ländlichen Bevölkerung.»

2. Führungen: *Sie werden durch ein Mitglied des Vereins durchgeführt. Evtl. kann auch eine Arbeitsteilung mit dem Lehrer erfolgen.*

3. Beziehung Schüler/Gegenstände: *Nur anschauen.*

4. Arbeitsgelegenheiten: *Leider keine.*

5. Verpflegungsmöglichkeiten: *Wirtschaften in Oberweningen.*

6. Wanderungen:
– Baden – Lägerngrat – Hochwacht – Oberweningen, ca. 3 Stunden
– Kaiserstuhl – Wattwil – Egg – Oberweningen, ca. 2 Stunden

26

Oetwil am See

Ortsmuseum

Adresse:
Chilerain 10, 8618 Oetwil am See
(unterhalb der Kirche)

Kontaktpersonen: *Peter Abplanalp,*
Schulhausstrasse 11, 8618 Oetwil am See,
Tel. 01 929 10 15 (Präsident der
Museumskommission)
Theodor Marty, Schützenhausstrasse 19,
8618 Oetwil am See, Tel. 01 929 22 58

Öffnungszeiten:
April–November,
jeden 1. Sonntag im Monat,
10.30–12.00 Uhr
(Schulklassen nach Vereinbarung)

Eintritt: *frei*

Besuch: *geeignet ab 4. Klasse*
(am besten Halbklassen)

Was zu sehen ist:
Bauernstube mit Kachelofen als «Helen-
Dahm-Stube» mit Bildern, Photos, Repro-
duktionen (Verkauf), Haushaltgegenständen
der bekannten Künstlerin, Malutensilien.
Küche mit Sandsteinherd, Haushaltungsheft
von 1916 (Erster Weltkrieg!).
Schuhmacherwerkstatt.
Webstube (im Aufbau) – Landwirtschaft in
Oetwil (im Aufbau).
Im oberen Stock: Schulecke und Raum für

Wechselausstellungen.

Zum Ortsmuseum (seit 1983)

Ein kleines, liebenswertes Dorfmuseum, untergebracht in einem ehemaligen Flarz-Kleinbauern-
haus aus dem Jahre 1650. Es bietet in sechs Räumen (drei davon sind für Wechselausstellungen
vorgesehen) Einblicke in das Leben von dazumal.

So stellt ein freundlicher Raum im Obergeschoss
den «Alltag des Grossvaters» dar mit
seinen bäuerlichen Tätigkeiten (landwirtschaftliche Geräte), seinen
Pflichten (z.B. Feuerwehr, Militär-
dienst) und seiner Freizeit (Lektüre).

Die Küche, mit einem seltenen Sandsteinherd versehen, verrät uns durch
aufliegende Blätter aus dem Haus-
haltheft eines früheren Hausbewoh-
ners, was Lebensmittel um 1916 ko-
steten. Erstaunt nehmen wir zur
Kenntnis, dass sie während des Ersten Weltkrieges sehr teuer waren,
hatte man doch z.B. für ein Pfund
Fleischkäse Fr. 2.20 aufzubringen!

Fein säuberlich geführt ist auch ein
Journal samt Kundenbuch in der
betriebsbereiten Schuhmacherwerkstatt. Ein Massbuch verrät, dass der
gelernte ehemalige Schuhmacher aus
dem Dorf auch imstande war, Mass-
schuhe anzufertigen.

Die Bauernstube ist der bedeutenden
Kunstmalerin Helen Dahm (gestorben in Oetwil 1968) gewidmet. Die

Stube mit dem grossen Kachelofen, dem ein etwas
kurioses, doch sicher praktisches «Übergangs-
öfelchen» angegliedert ist, wurde ganz im Stil und
im Sinn der Künstlerin eingerichtet. Die Ähnlich-
keit des Raumes mit ihrer ehemaligen Malstube
ist frappant. Einige ihrer Originalgemälde und

Reproduktionen (sie werden zum Kauf angeboten) beleben den Raum. (Im Dorf gibt es übrigens eine Helen-Dahm-Gruppe, die sich um kulturelle Belange und Aktivitäten kümmert.)

Eine hübsche Idee ist die Schulecke, in der «die alte Schulherrlichkeit», die oft gar keine solche war (man denke etwa nur an das bekannte Ankerbild vom Schulexamen!), in Erinnerung gerufen wird.

Ein Webstuhl schliesslich deutet darauf hin, dass im 19. Jahrhundert die Weberei-Industrie, angeführt vom Fabrikanten Kunz, eine Blütezeit erlebte.

Das Haus selbst wurde 1944 als kleinbäuerlich-gewerbliche Liegenschaft von der Gemeinde erworben und mit erstaunlich niedrigen Kosten von Fr. 27000.— zum Museum umgebaut.

Hinweise für den Lehrer

1. Vorbereitung und Auswertung: *Die Besprechung mit Theodor Marty, Lehrer, ist erforderlich, ebenso der Vorbesuch des Museums. Er wird auch über vorhandene Schriften und Materialien zur Vorbereitung Auskunft geben können.*
Es bietet sich in diesem Ortsmuseum die seltene Gelegenheit zu Bildbetrachtungen. Die charakteristischen Bilder Helen Dahms, deren Gemälde auch in der Kartause Ittingen (Thurgauische Kunstsammlung) eine Bleibe gefunden haben, sprechen Schüler allgemein gut an. Vielleicht versuchen sich die Schüler auch einmal im Malen in dieser Manier (z. B. Blumen).

2. Führungen: *Die Lehrer können nach entsprechender Vorbereitung selber führen.*

3. Beziehung Schüler/Gegenstände: *Nur anschauen, evtl. zeichnen.*

4. Arbeitsgelegenheiten: *Keine.*

5. Sehenswert: *Die Storchenkolonie, ca. 10 Minuten vom Museum (der Storch ist Wappentier der Gemeinde).*

6. Verpflegungsmöglichkeiten: *Feuerstellen beim Schwimmbad. – Restaurants: Sternen, Zelgli, Schönegg.*

7. Wanderungen: *Es wird empfohlen, die Wanderkarten (1:50000) aus dem Orell Füssli Verlag, Zürich, zu konsultieren.*

27

Ottikon (bei Gossau) Ortsmuseum

Adresse:
Grüningerstrasse 340, 8626 Ottikon
(Dürstelerhaus)

Kontaktpersonen: *K. Morf-Liver,*
8625 Gossau, Tel. 01 935 15 93
(Verwalter)
J. Zollinger, Herschmettlen, 8626 Ottikon,
Tel. 01 935 18 59 (Historiker und Lehrer)

Öffnungszeiten:
jeden 1. Sonntag im Monat,
10.30 – 12.00 Uhr / 14.00 – 16.00 Uhr
(Schulklassen und Führungen nach
Vereinbarung)

Eintritt: *frei*

Besuch: *geeignet ab 4. Klasse*

Was zu sehen ist:
Kulturhistorisch bedeutendes Bauernhaus
des 16. Jahrhunderts.
Wohnkultur des 18. Jahrhunderts: Stube,
Küche, Kammern.
Turmuhr von 1528 aus der Kirche Gossau
(gebaut von Liechti, Winterthur).
Nehracher Kachelofen, 1784.
Einige landwirtschaftliche Geräte.

Wechselausstellungen *werden im oberen*
Stock durchgeführt.

Zum Ortsmuseum (seit 1974)

Der äussere Eindruck täuscht nicht: Das prachtvolle Doppelwohnhaus mit reichgegliedertem Fachwerkgiebel und grosszügiger Lukarne, versehen mit Wappen und Malereien an Falläden und Täferung an der Südseite, war nicht nur Sitz angesehenster Gossauer Geschlechter, sondern auch zweier Beamten- und Offiziersdynastien: Furrer und Weber.

Hier wohnten einflussreiche Grossbauern, die vor bald 400 Jahren ein eigentliches Dorfpatriziat ausübten (Geschlecht der Furrer), aber auch Landrichter, ein Amtshauptmann (militärische Kommandostelle der Herrschaft Grüningen), Dragoner- und Grenadieroffiziere und ein Statthalter, alle aus der Weber-Dynastie.

Im Museum besucht man die schöne, bemalte Stube mit dem grossen, heizbaren Nehracher Kachelofen. (Der Ofenbauer Nehracher war nicht nur bekannt als guter Hafner, er gilt auch als Freiheitsheld im «Stäfner-Handel».) Diese Stube dient nicht nur der Museumsverwaltung; sie soll auch ein Ort der Begegnung sein, steht also Vereinen, Kommissionen usw. offen.

Daneben ist die alte Küche mit der Vorratskammer zu sehen, ferner eine kleine Nebenstube mit einer Turmuhr aus dem Jahre 1528, die der berühmte Winterthurer Uhrmacher Liechti angefertigt hat.

Überall, wo wir uns im Haus bewegen, tritt uns das schöne, alte, lebendige Holz entgegen.

Der obere Stock, wo auch einige landwirtschaftliche Geräte untergebracht sind, dient temporären Ausstellungen. Sie werden von der Verwaltung mit bedeutendem Aufwand und Einsatz vieler begabter und uneigennütziger Helfer realisiert.

Das Gebäude (die zweite Wohnung ist vermietet) gehört seit 1970 der Gemeinde Gossau. Sie erhielt es als Geschenk der Fabrikantenfamilie Dürsteler, allerdings mit zeitlich befristeten Renovationsauflagen. Die erwähnte Familie (ihre Firma ist auch Inhaberin des benachbarten Fabrikgebäudes) war seit 1873 (damals Dürsteler-Weber) im Besitz des Hauses.

Die Rückseite des ehemaligen Flarzhauses verrät auch die ursprüngliche Konstruktion: den Blockständerbau, zum Teil behauen mit der Breitaxt und eindrücklich zu erleben in Farbe und Holzbearbeitung (siehe auch Ortsmuseum Zürich-Altstetten).

Hinweise für den Lehrer

1. Vorbereitung und Auswertung: *Die vorherige Besprechung mit Verwalter K. Morf und der Besuch des Museums sind unerlässlich. Hilfreich zur Vorbereitung sind folgende Schriften:*
- *«Das Dürsteler-Haus in Ottikon» von Jakob Zollinger, erschienen in der Beilage «Heimatspiegel» der Tageszeitung «Zürcher Oberländer», 1974. Diese Schrift liegt im Museum auf, kann aber auch gekauft werden zum Preis von Fr. 4.—.*
- *Alle vier Jahre erscheint ein neues Heft über Gossau, z. B. Heft 1974: «Gossauer Bauernhäuser erzählen», in welchem auch das Dürsteler-Haus erwähnt wird. (Preis Fr. 5.—.)*
- *Wer sich mit den typischen Bauernhäusern im Zürcher Oberland befassen will, sei auf den eben erschienenen achten Band «Bauernhausforschung in der Schweiz, Zürcher Oberland» von Dr. David Meili (wissenschaftlicher Leiter des Schweizerischen Freilichtmuseums Ballenberg bei Brienz) aufmerksam gemacht, ebenso auf den «Heimatspiegel» Nr. 11, Nov. 1983, des «Zürcher Oberländers», in dem Jakob Zollinger einen Überblick über die «Voralpine Haus-Landschaft» gibt.*
- *Ein Modell-Schnittbogen über das «Zürcher Bauernhaus» (Nr. 405) (Dreisässenhaus) kann bezogen werden bei R.+F. Müller, Postfach, 8126 Zumikon (Pädagogischer Verlag des Lehrervereins Zürich).*

2. Führungen: *Nach entsprechender Vorbereitung durch den Lehrer.*

3. Beziehung Schüler/Gegenstände: *Nur anschauen, evtl. abzeichnen.*

4. Arbeitsgelegenheiten: *Einige Plätze in Stube und Küche; in den Kammern kann auf den Vitrinendeckeln geschrieben werden.*

5. Sehenswert: *Botanischer Garten im Eichholz bei Grüningen. Beachtenswert die Drumlinlandschaft. Auch der Botanische Garten liegt auf einem Moränenhügel! Die Zürcher Kantonalbank hat einen instruktiven Führer über diesen von der Eidgenössischen Technischen Hochschule Zürich (ETHZ) bewirtschafteten Garten herausgegeben (Tel. 01 935 19 22).*

6. Verpflegungsmöglichkeiten: *Restaurants Strick und Traube, Oberottikon.*

7. Wanderungen: *Siehe Wanderweg-Karte Tösstal–Zürcher Oberland. Zum Städtchen Grüningen braucht man ca. 1/2 Stunde.*

28

Pfäffikon

Ortsmuseum

Adresse:
Im Kehr, 8330 Pfäffikon (am See)

Kontaktperson: *Ernst Schneider,
Gartenstrasse 7, 8330 Pfäffikon,
Tel. 01 950 15 71
(Lehrer und Präsident der
Antiquarischen Gesellschaft)*

Öffnungszeiten:
*Juni – Oktober,
jeden 1. Sonntag im Monat,
14.00 – 17.00 Uhr
(Schulklassen nach Vereinbarung,
mindestens 3 Tage im voraus)*

Eintritt:
*Erwachsene Fr. 1.—
Schüler   Fr. –.50
(mindestens Fr. 5.— pro Schulklasse)*

Besuch: *geeignet ab 5. Klasse*

Was zu sehen ist:
*Räume mit ur- und frühgeschichtlichem Ausstellungsgut (u. a. Pfahlbaufunde von Robenhausen).
Wohnkultur (Stube und Küche) aus dem 19. und 20. Jahrhundert.
Flachs- und Hanfverarbeitung, Seidenspulstuhl (Seidenwinde). – Rechenwalze.
Dokumente.
Funde von der ehemaligen Burg Werdegg bei Hittnau.
Landvogtei-Siegel, Schirmlade, einige alte Waffen.
Landwirtschaftliche und gewerbliche Gerätschaften.
Tirggelmodelle, Zinngefässe, Beschläge, Hufeisen, Nägel, Feuerlöschspritze.*

Vorläufig **keine Wechselausstellungen.**

Zum Ortsmuseum (seit 1964)

Man sähe es dem bescheidenen Oberländer Flarzhaus nicht an, dass in ihm neben der heimatkundlichen Sammlung bedeutende Funde zu sehen sind, denen man eigene Räume im Obergeschoss reserviert hat.

Zu denken ist in erster Linie an die Ausgrabungen bei Robenhausen (Verdienst des Landwirts und Urgeschichtlers Jakob Messikommer, 1818 bis 1917), die Gegenstände aus der Mittleren Steinzeit (10 000 bis 4000 v. Chr.) zutage förderten, aber auch an die urgeschichtlichen Funde aus Pfäffikon, Irgenhausen und Fehraltorf-Lochweid.

Ferner sind Fundgegenstände von der ehemaligen Burg Werdegg bei Hittnau, die im Alten Zürichkrieg 1444 von den Innerschwyzern zerstört wurde, ausgestellt. Auch hier sind 1892 Grabungen von J. Messikommer, dem die Ehrendoktorwürde verliehen wurde, durchgeführt worden.

In einer der niederen Stuben im Erdgeschoss finden sich zwei besonders interessante Stücke: eine originale Rechenwalze (nach dem Prinzip des Rechenschiebers konstruiert, aber ein unförmiger Vorläufer desselben) sowie ein Seidenspulstuhl mit Fussmechanik von V. Schrader, Vorgänger von Schweiter, Maschinenfabrik in Horgen.

Der aufmerksame Besucher wird sich noch an manchen schönen alten Dingen erfreuen, z. B. an einer Schirmlade (schirmen = schützend bedecken) der Schulgemeinde, in der früher wertvolles Schulgut aufbewahrt wurde (es handelt sich dabei um eine eisenbeschlagene kunstvolle Truhe), ferner an Siegeln der Landvögte, an Beschlägen und Waffen.

Küche und Stube (mit schönen Intarsien-Möbeln) zeigen behagliche Wohnkultur aus Urgrossmutters Zeiten.

Das Museum leidet unter Platzmangel. Ein Erweiterungsbau ist geplant und dürfte bis Mitte der achtziger Jahre verwirklicht werden.

1. Vorbereitung und Auswertung: *Der Vorbesuch des Museums ist notwendig. Anmeldung beim Präsidenten der Antiquarischen Gesellschaft (Ernst Schneider).*
Irgendwann wird man in der Schule auf die Pfahlbauerzeit, auf ur- und frühgeschichtliche Ausgrabungen und Funde zu sprechen kommen, wobei die Funde um Pfäffikon ergiebiges Anschauungsmaterial liefern. Man erinnere sich auch an die Funde an anderen Seen (Horgener Kultur, jüngste Funde in Zürich), aber auch z. B. an die entdeckten bronzezeitlichen Siedlungen in Graubünden, an den interessanten Goldfund bei Erstfeld vor wenigen Jahren. Nicht zu vergessen jener Weinberg in Jenins, wo im Januar 1984 über 700 römische Münzen zum Vorschein kamen. (Siehe auch die grosse Goldschale im Museum von Zürich-Altstetten aus dem 6. Jahrhundert v. Chr.)
Interessant ist nicht nur das frühgeschichtliche Siedlungsgebiet (Funde aus der Mittleren und Jüngeren Steinzeit, aus der Bronze- und der Hallstattzeit) mit dem ehemaligen römischen Kastell von Irgenhausen, auch das schöne Dorf mit vielen bemerkenswerten Häusern ist sehenswert, besonders die Kirche mit Wandmalereien aus dem 15. Jahrhundert, die im Jahre 960 von Kaiser Otto dem Grossen dem Kloster Disentis zugewiesen wurde.
Weitere Hinweise enthält das «Heimatbuch Pfäffikon», herausgegeben von der Gemeinde. Zu beziehen bei den Papeterien Priester und Sauder am Ort.

2. Führungen: *Erwünscht sind Führungen durch den Lehrer.*

3. Beziehung Schüler/Gegenstände: *Wertvolle Gegenstände sind in Vitrinen untergebracht, was gelegentlich das Zeichnen erschwert.*

4. Arbeitsgelegenheiten: *Im heutigen Museum leider keine.*

5. Sehenswert: *Ganz in der Nähe liegt die Kantonale Hechtbrutanstalt, deren Besuch evtl. möglich ist. (Anfragen unter Tel. 01 950 25 14.)*

6. Verpflegungsmöglichkeiten: *Rastplätze sind direkt unterhalb des Museums vorhanden, ebenso ein Brunnen und eine WC-Anlage.*

7. Wanderungen:
– *Um den Pfäffikersee (Wanderweg grösstenteils direkt dem See entlang, ca. 2 Stunden)*
– *Zum Römerkastell Irgenhausen, ca. 1/2 Stunde*
– *Seerundfahrt mit dem Motorboot (ca. 1/2 Stunde), evtl. Kombination mit Wanderung*

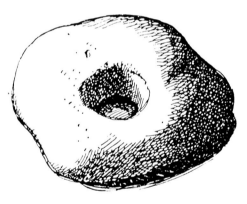

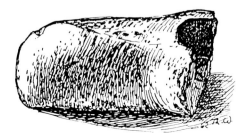

29

Rafz   # Ortsmuseum

Adresse:
8197 Rafz (bei der Kirche)

Kontaktpersonen: *Walter Heller,*
Sonnenfeld 6, 8197 Rafz,
Tel. 01 869 09 56 (Präsident der
Museumskommission)
Ernst Bauer, Kniebreche 6, 8197 Rafz,
Tel. 01 869 10 31 (Vizepräsident)

Öffnungszeiten:
jeden 2. Sonntag im Monat,
14.00–17.00 Uhr
(Schulen nach Vereinbarung)

Eintritt: *frei*
(für Gruppenführungen Fr. 30.—)

Besuch: *geeignet ab 4. Klasse*
(15–20 Schüler pro Gruppe)

Was zu sehen ist:
Wohnmuseum: Komplette Wohneinrichtung
aus dem 18./19. Jahrhundert. – Dokumente
zur Ortsgeschichte.
Landwirtschaft: Landwirtschaftliche Geräte,
besonders für den Weinbau, aber auch für
Acker- und Obstbau. – Geräte für Flachs-
und Hanfverarbeitung (Bandwebstühlchen,
Strohmange). Landwirtschaftliche Maschi-
nen, z. B. Stiften-Dreschmaschine, Binde-
mäher, Kleeputzmaschine, Windmühle.
Eingerichtete Schnapsbrennerei im Wein-
und Mostkeller – verschiedene Wein- und
Mostpressen.
Fahrhabe, Pflüge, Feuerwehrspritze.
Handwerk: Küferei, Schuhmacherwerkstatt,
Wagner (im Aufbau), Schmied (in Vorberei-
tung).

Wechselausstellungen *finden statt (Kunst-*
und Photoausstellungen). Vorgesehen sind
auch temporäre Ausstellungen über verschie-
dene Handwerke.

Zum Ortsmuseum (seit 1965)

Das umfangreiche Sammelgut, das dank einer rührigen Ortsmuseumskommission schliesslich den Weg in das ehemalige Rebbauerngut gefunden hat, bietet zahlreiche lohnende Einstiege.

Soll man bei der schönen Wohneinrichtung (die Kachelofen-Stube ist original) beginnen oder bei den vielen interessanten Gerätschaften über Wein-, Acker- und Obstbau, oder vielleicht bei den Raritäten wie der Stiften-Dreschmaschine (im Prinzip die erste Dreschmaschine), der Kleeputzmaschine zur Samengewinnung, dem ersten Rapid-Motormäher, der eingebauten Schnapsbrennerei, der Strohmange?

Im Zusammenhang mit der letzteren erinnern wir uns an die Strohindustrie, die bis vor kurzem in diesem Gebiet heimisch war (Wil und Hüntwangen, wo bis 1965 eine Strohhut-Fabrik existierte).

Alles in allem kann man nur feststellen: Ein überaus reichhaltiges Museum, das nach Erweiterung ruft, vor allem für die grosse Fahrhabe in der Scheune und die landwirtschaftlichen Geräte samt den Maschinen.

Das schön eingerichtete Wohnhaus selber lässt keine Wünsche offen. Die Ortsgeschichte wird dargestellt nach den Aufzeichnungen des Landarztes Johann Jakob Graf (1791–1872).

Hinweise für den Lehrer

1. Vorbereitung und Auswertung: *Erforderlich sind die Besprechung mit einer Kontaktperson und der Vorbesuch des Museums. Prospekte und Schriften sind in Vorbereitung.*

Das sehr reichhaltige Ausstellungsgut an landwirtschaftlichen Geräten und Maschinen könnte zu einem Vergleich der Landbewirtschaftung früher mit den heutigen modernen Methoden Anstoss geben.

Die Umgebung von Rafz ist auch frühgeschichtlich interessant: Beweise für die sehr frühe Besiedelung in diesem Gebiet sind die gefundenen spätbronzezeitlichen Grabhügel, die Flachgräber aus der La-Tène-Zeit (2. Periode der Eisenzeit nach der Hallstattzeit; La Tène = Untiefe am Nordufer des Neuenburgersees, wo die ersten Funde getätigt wurden; vgl. z. B. Horgener Kultur), ferner eine römische Ansiedelung und alemannische Grabstätten. Weitere Informationen in: «Siedlungs- und Baudenkmäler im Kanton Zürich», herausgegeben von der Direktion der öffentlichen Bauten des Kantons Zürich, Stäfa, Verlag Th. Gut, 1975.

2. Führungen: *Diese erfolgen durch die Leitung; der Lehrer ist als Begleitperson erwünscht.*

3. Beziehung Schüler/Gegenstände: *Nur anschauen.*

4. Arbeitsgelegenheiten: *Im Archivraum steht ein Tisch mit etwa 8 Plätzen, der allenfalls benützt werden kann.*

5. Sehenswert:
– *Die alte Rheinlandschaft bei Rüdlingen (Thurmündung, im Zusammenhang damit die Thurkorrektion, die viel diskutiert wird)*
– *Grossgärtnerei Hauenstein*
– *Zürcher Ziegeleien Rafz*
– *Städtchen Eglisau am Rhein*
– *Gasthof Zum goldenen Kreuz: Prachtvoller Riegelbau aus Eichenholz mit riesigem, gewölbtem Keller (Rafz)*

6. Verpflegungsmöglichkeiten: *Rastplätze sind am Waldrand auf dem Weg nach Rüdlingen zu finden, bei der Forsthütte Wil und Hüntwangen, ferner bei der Forsthütte an der Strasse nach Osterfingen. – Bauerngaststätte Restaurant Krone (beim Museum).*

7. Wanderungen:
– *Rafz – Rüdlingen – Eglisau (ca. 2 Stunden)*
– *Rafz – Wil – Hüntwangen – Wasterkingen (1$\frac{1}{2}$ Stunden)*
– *Rafz – Osterfingen – Wilchingen über deutsches Gebiet (3 Stunden)*

30

Regensdorf

Gemeindemuseum

Adresse:
Mühlestrasse, 8105 Regensdorf
(im Museumsspycher)

Kontaktpersonen: *Dr. Lucas Wüthrich,*
Rosenstrasse 50, 8105 Regensdorf,
Tel. 01 840 53 44 (P), 01 221 10 10 (Landes-
museum)
Ferdinand Maag, Adlikerstrasse 226,
8105 Regensdorf, Tel. 01 840 42 70

Öffnungszeiten:
April−Dezember,
jeden 1. Sonntag im Monat,
10.00−12.00 Uhr

Eintritt: *frei*

Besuch: *geeignet ab 1. Klasse*

Was zu sehen ist:
Dörfliche Sachgüter 18.−20. Jahrhundert.
Bäuerliche Sachgüter 19./20. Jahrhundert.
Grossvitrine mit Wehntalertracht, Kleidungs-
stücke. − Mobiliar aus der alten Post (abge-
brochen 1975).
Ur- und frühgeschichtliche Funde aus Re-
gensdorf und Umgebung.
Dokumente zur Dorfgeschichte: Topogra-
phie − Urkunde von 870 (Original im Stifts-
archiv von St. Gallen) mit Erwähnung des
Namens Regensdorf.
Aargauer- und Kartoffelpflug, Werdegang
des Brotes − Weinbau.
Alte Masse.

Wechselausstellungen *werden durchgeführt*
(3−4 pro Jahr), z. B. Freizeitarbeiten von
Frauen bei besonderen Anlässen, zur Dorf-
geschichte. Auch Künstler aus der Umge-
bung erhalten immer wieder Gelegenheit,
ihre Werke zu zeigen.

Zum Gemeindemuseum (seit 1977)

Beheimatet ist das Gemeindemuseum im wehr-
haft gemauerten Speicher aus dem Jahre 1722, der
am Rand des teilweise erhaltenen Ortskernes
steht, in bester Gesellschaft einiger bemerkenswerter Altbauten.

Da sind zu erwähnen:
– die sogenannte Kapelle,
  fälschlicherweise Ni-
  klauskapelle genannt
  (ehemalige Kirche
  Oberregensdorf,
  12. Jahrhundert);
– ein Bohlenstän-
  der-Speicher von
  1862;
– das ehemalige
  Restaurant Zur
  Mühle, datiert auf
  1638;
– das Pfarrhaus, ein
  schöner Riegelbau
  des 19. Jahrhun-
  derts, und ein re-
  präsentatives Dop-
  pelbauernhaus aus
  dem 17./18. Jahr-
  hundert.

Einige unentwegte Regensdorfer, allen voran Mitglieder der «Reganzunft», konnten dank ihres Ein-
satzes den prächtigen Speicher, der wegen des
Strassenbaus gefährdet war, retten.

Die heimatkundliche Sammlung, reich be-
stückt mit landwirtschaftlichen Geräten,
ist geschickt auf die drei Geschosse
des Speichers verteilt.

Interessant sind die aufgefundenen kleinen Huf-
eisen, angeblich von
Kosakenpferdchen
aus der 2. Schlacht
von Zürich im Jahre
1799 (vgl. Ortsmuseum
Unterengstringen).
Einmalig vielleicht auch
die Zupfschaukel zum
Zupfen von Seegras
(Seegrasmatratzen!).
Wie in einigen andern
Museen des Unterlan-
des findet sich in
einer Vitrine eine
schöne Wehntaler-
tracht.

Hinweise für den Lehrer

1. Vorbereitung und Auswertung: *Es wird empfohlen, das Museum während der normalen Öffnungszeiten zu besuchen und für die Klasse einen Spezialtermin mit einer der Kontaktpersonen zu vereinbaren.*

Zur Vorbereitung dient auch ein Leitbild (Wegleitung für den Museumsbesuch durch Schulen), das auch eine Themenauswahl für den Unterricht enthält.

Hauptthema: Die Lebensweise der Dorfbewohner im 19. Jahrhundert.

Über Zehntenscheunen und Speicher berichtet u. a. auch das reich bebilderte Heft: «Denk mal!» Denkmalpflege im Kanton Zürich, 100 Beispiele, Lehrmittelverlag Zürich, 1975. Ebenfalls nützliche Hinweise enthält: «Siedlungs- und Baudenkmäler im Kanton Zürich», herausgegeben von der Direktion der öffentlichen Bauten des Kantons Zürich, Stäfa, Verlag Th. Gut, 1975, Seiten 68 und 69. Über Bohlenständerbauten: Seiten 66 und 67; über Fachwerk- und Blockbauten: Seiten 64 und 65.

In der Nähe von Regensdorf liegt die Ruine Alt-Regensberg, Stammburg der Regensberger. Naheliegend wäre auch, über die Herrschaft der Regensberger, ihre Burgen, ihre Beziehungen zu Zürich, ihr Ende zu reden.

Die Überquerung der Limmat durch die Franzosen unter Massena im Jahre 1799 ist auf einem alten Kartenausschnitt sichtbar.

Weitere Themen: Limmatschiffahrt, Brücken, Elektrizität aus Flusswerken, ferner: Zerstörung von Glanzenberg, Badenfahrt oder Abenteuerliche Alpenübergänge (General Suworow). Unterhalb Höngg ist das alte Elektrizitätswerk Giessen, das in ein Museum verwandelt worden ist, jeweils geöffnet von Montag bis Freitag, von 13.30 bis 16.00 Uhr (schriftliche Anmeldung an Elektrizitätswerke der Stadt Zürich, Postfach, 8023 Zürich).

2. Führungen: *Der Lehrer kann selber führen. Auf Wunsch wird ein Führer vermittelt.*

3. Beziehung Schüler/Gegenstände: *Was offen, nicht in Vitrinen ausgestellt ist, kann nach Weisung des Lehrers oder des Führers angefasst werden. Die Windmühle, zur Trennung von Korn und Spreu, darf z. B. bedient werden, auch die Schnitzel-Bänke.*

4. Arbeitsgelegenheiten: *Im Prinzip gibt es keine, nur Bänke zum Sitzen für 10 bis 15 Personen.*

5. Sehenswert:
– *Ruine Alt-Regensberg.*
– *Museum Muräcker, Buchs (römische Villa).*
– *Bergwerk Schwenkelberg, einziges Bergwerk im Kanton Zürich, bei Buchs. Es lieferte Quarzsand für die Glashütte Bülach. Donnerstag geschlossen. Am besten von Adlikon erreichbar. Tel. 01 840 17 80 (Wetzel).*
– *Strohhaus Hüttikon.*

6. Verpflegungsmöglichkeiten: *Rastplätze gibt es bei der Waldhütte Gubrist (ca. 30 Minuten), in der Kantine Autobahntunnel (ca. 30 Minuten), am Katzensee und bei der Ruine Alt-Regensberg (beide ca. 30 Minuten).*

7. Wanderungen: *Altberg, ca. 1 Stunde; Gratwanderung Altberg und Gubrist. Restaurant auf dem Gipfel des Altberges (Voranmeldung, Telefon 01 844 23 19).*

31

Richterswil

Heimatkundliche Sammlung

Adresse:
Dorfbachstrasse 12, 8805 Richterswil («Bären»)

Kontaktpersonen: *Anton Schuler, Bodenstrasse 15, 8805 Richterswil, Tel. 01 784 66 80 (P) / 01 256 31 96 (G) Emil Hiestand, Tel. 01 784 09 28, oder Ernst Tanner, Tel. 01 784 46 09*

Öffnungszeiten:
Schulklassen nach Vereinbarung. Bei Wechselausstellungen gemäss spezieller Ankündigung.

Eintritt: *frei*

Besuch: *geeignet ab 4. Klasse (evtl. Aufteilung erforderlich)*

Was zu sehen ist:
Eine Flötenuhr in Barockschrank aus der Werkstatt des Neuenburgers Frédéric Droz in La Chaux-de-Fonds (1729–1753). Wohnstube mit Kassettendecke. Dokumente, reiches Archiv. Gegenstände aus der Vergangenheit des Dorfes. Werkstatt eines Rechenmachers aus Samstagern. Handbohrer des «Beckibüetzers».

Periodische **Wechselausstellungen:**
z. B. Richterswiler Bräuche (Haag geri, Räbenchilbi), lokale Landkarten, Stiche, Bilder, Philatelie, über die Kirche, Licht im Wandel der Zeit usw.)

Zur Heimatkundlichen Sammlung (seit 1939, im «Bären» seit 1975)

Das Glanzstück im kleinen Ortsmuseum ist eine 230-jährige Flötenuhr, deren Geschichte ein Buch ergäbe.

Das Buch gibt es nicht, aber ein sehr schönes illustriertes Heft, von dem Mann verfasst, der es verstand, das verlotterte und defekte Werk in kunstvoller Arbeit wieder zu fröhlich flötendem Leben zu erwecken. Der Mann heisst Alfred Hitz, ist Landwirt in Samstagern und betreibt seit vielen Jahren als Hobby den Bau von Drehorgeln und die Renovation alter Uhren und Musikautomaten.

Uhrmacher- und Musikautomaten-hersteller-Familie Droz in La Chaux-de-Fonds stammend, 1753, erst 24jährig, starb.

Wir entnehmen der erstaunlichen Geschichte der Flötenuhr, dass sie in der ältesten Wirtschaft des Ortes, der ehemaligen Taverne Zum Wildenmann, die dort einkehrenden Gäste – es waren z. T. Säumer, Fuhrleute, Schiffer und Fischer – mit ihren fröhlichen Stundenschlag-Melodien erfreute.

Wie die Flötenuhr schliesslich den Weg ins Richterswiler Ortsmuseum fand, erfährt man

Geschaffen wurde das klingende Kunstwerk vom begabten Frédéric Droz, der, aus der berühmten auch auf einem gedruckten Blatt: «Flötenuhr-Erklärung».

In den grossen Kellerräumen des alten Hauses (1569) wurden neben Most und Wein die Transitgüter, welche mit Ledischiffen von Zürich hergerudert und -gesegelt kamen, gelagert. Säumer und Fuhrwerke beförderten sie dann nach Samstagern, Wollerau und Richtung Einsiedeln und Rothenthurm.

Als die nach Einsiedeln wallfahrenden Pilgerscharen stark zunahmen, entwickelte sich Richterswil zu einem Dorf mit vielen Herbergen und grossem Fremdenverkehr (gegen Ende des 18. Jahrhunderts).

Neben alten Gegenständen aus der Vergangenheit des Dorfes ist im Museum noch die Werkstatt eines Rechenmachers aus Samstagern zu sehen samt dem «frühen Automaten» eines «Zinggen-Eisens», einer sinnreichen Einrichtung zur Herstellung runder Holz-Rechenstäbchen.

Hier finden wir auch den Handbohrer des einst auf die Stör gehenden «Beckibüetzers», der imstande war, die zerschlagenen Becken und sonstiges Geschirr wieder «zusammenzunähen» und dicht zu machen.

Das prachtvolle Riegelhaus «Bären», welches das Ortsmuseum beherbergt, ist in Privatbesitz. Entgegen der landläufigen Meinung war der «Bären» nie eine Wirtschaft. Die PTT fand ihn als charakteristisches Sujet «poststempelwürdig», wie das auch bei der «Sust» in Horgen geschehen ist.

Hinweise für den Lehrer

1. Vorbereitung und Auswertung: *Der Lehrer erkundigt sich über das Thema der jeweiligen Wechselausstellung und vereinbart den Klassenbesuch.*
Schriften: Das erwähnte Heft «Die Flötenuhr aus dem ‹Wildenmann› Richterswil» von A. Hitz enthält eine Darstellung der Uhr vor und nach ihrer Restaurierung, erläutert Funktionieren des Werkes, erzählt die Geschichte der Wirtschaft Zum Wildenmann und wie die Uhr ins Museum kam. Separates Blatt mit «Flötenuhr-Erklärung».
Der Musiker und Organist Hansjürg Leutert und sein Sohn haben Tonkassetten von dieser Flötenuhr herausgebracht und auch die sieben Melodien der Uhr in Notenschrift übertragen (aufgezeichnet im Heft von A. Hitz).
Für die Schule könnte die Behandlung der Pilgerwege aus dem süddeutschen Raum nach Einsiedeln ganz interessant sein. Es gibt auch gut erhaltene Pilgerherbergen. Zu denken ist z.B. an die ehemalige Pilgerherberge Zum Schwert in Blattenbach ob Wald. Dieses hervorragende Beispiel eines Oberländer Holzbaus aus dem 17. Jahrhundert ist abgebildet und beschrieben im instruktiven Heft «Denk mal!», Denkmalpflege im Kanton Zürich, 1975, Lehrmittelverlag Zürich.
Frage an die Schüler: Wer findet den besten Weg von unserer Nordgrenze nach Einsiedeln? Bei der Behandlung von Schiffahrtswegen, Säumern usw.
sei an das Ortsmuseum «Sust» in Horgen und an das Schiffahrtsmuseum in Stäfa erinnert.

2. Führungen: *Sie werden durch die Sammlungs-Betreuer durchgeführt. Der Lehrer übernimmt die Aufsicht.*

3. Beziehung Schüler/Gegenstände: *Nur anschauen.*

4. Arbeitsgelegenheiten: *Leider keine.*

5. Sehenswert: *Burgruine Wädenswil, etwa 1 Stunde von Richterswil aus, von der Station Burghalden ca. 15 Minuten. Die Burg Alt-Wädenswil – sie ist die grösste Burgruine im Kanton Zürich – war Stammburg der Freiherren von Wädenswil, später im Besitz der Johanniter. Abbruch 1557 nach der Übernahme der Burg durch die Stadt Zürich (Tagsatzungsbeschluss). Den Freiherren von Wädenswil gehörten auch die «Mühlenen» in Richterswil, heute Heimatwerkschule – Webschule Mülene.*

6. Verpflegungsmöglichkeiten: *Es wird Selbstversorgung empfohlen, Rastplätze am See.*

7. Wanderungen: *Zum Pfadiheim Mistlibüel, ca. 1 Stunde von Hütten. Es kann auch als Ferienlager benutzt werden.*

32

Rickenbach

Ortsmuseum

Adresse:
Dorfstrasse, 8545 Rickenbach
(«Hannseli-Spycher»)

Kontaktperson: *Albert Schmid,*
Dorfstrasse 12, 8545 Rickenbach,
Tel. 052 37 16 61
(Konservator des Museums)

Öffnungszeiten:
Mai–Oktober,
jeden 1. Sonntag im Monat,
14.00–17.00 Uhr
(Schulklassen nach Vereinbarung)

Eintritt: *frei*

Besuch: *geeignet ab 4. Klasse*

Was zu sehen ist:
Gegenstände aus dem Dorf und der nächsten
Umgebung, vor allem bäuerlicher Art.
Rekonstruiertes Wohnzimmer aus dem 17.
und 18. Jahrhundert. – Rekonstruierte Küche
des 18./19. Jahrhunderts.
Keller mit Obst- und Traubenpressen.
Feuerwehrspritze des 18. Jahrhunderts. –
Hausbrennerei-Anlage.

Wechselausstellungen *alle 1–2 Jahre.*

Zum Ortsmuseum (seit 1967)

Der Fachwerk-Speicher aus dem Jahre 1677 ist ein Schmuckstück in der Häuserreihe der Dorfstrasse. Aussen sehr hübsch mit Blumen und Rankenmalerei verziert, birgt er im Innern eine kleine heimatkundliche Sammlung, deren wichtigster Teil das liebevoll rekonstruierte Wohnzimmer samt der daneben liegenden Küche darstellt. Wer noch nie eine Holz-Badewanne gesehen hat, der kann sie hier im Wohnteil besichtigen.

Im Keller präsentieren sich Obst- und Traubenpressen, eine vollständige Hausbrennerei und eine interessante Feuerspritze, die gut und gern ihre 200 Jahre «auf dem Kessel» hat.

Der Speicher liegt inmitten des Dorfes, das trotz einiger moderner Bauten (z.B. Kirchturm, Gemeindezentrum) seinen ländlichen Charakter behalten hat. Die eigentliche Kirche enthält u.a. Bauteile aus dem 12. Jahrhundert (Spätmittelalter).

1. Vorbereitung und Auswertung: *Am besten bereitet sich der Lehrer mit einem Besuch des Ortsmuseums auf den Klassenbesuch vor. Er nimmt Kontakt mit dem Konservator auf. Schriftliche Unterlagen sind keine vorhanden.*

Schweizerische Kunstgeschichte sowie die Wegleitung «Ein Hund namens Balbo... Adolf Dietrich und weitere naive Maler», hrsg. von der Fachstelle Schule und Museum am Pestalozzianum Zürich).

Der Lehrer wird sich überlegen, ob er über den nahe gelegenen Thurlauf mit seinen Problemen (auch Thurkorrektion) reden will; vielleicht kann er auch gewisse mit dem Kanton Thurgau zusammenhängende heimatkundliche Aspekte behandeln.

Wir befinden uns hier in der Nähe der Mörsburg (Museum), die eine gute halbe Stunde von Rickenbach entfernt ist. Etwas weiter weg (ca. 7 Kilometer) liegt, bereits auf thurgauischem Boden, die mit grossem Aufwand restaurierte Kartause Ittingen (Kartäuserorden), die zugleich die Thurgauische Kunstsammlung beherbergt (siehe Schweizerische Kunstführer, Kartause Ittingen, von Hans Peter Mathis, herausgegeben von der Gesellschaft für

2. Führungen: *Sie können durch den Lehrer oder durch den Leiter vorgenommen werden.*

3. Beziehung Schüler/Gegenstände: *Einige Gegenstände können in die Hand genommen werden (nach Weisung des Leiters oder des Führers).*

4. Arbeitsgelegenheiten: *In der Stube befinden sich ein Tisch und eine Eckbank mit ca. 8 Plätzen.*

5. Sehenswert: *Mörsburg, ca. 3/4 Stunden.*

6. Verpflegungsmöglichkeiten: *Rastplätze: evtl. die Waldhütte (Schutzdach) beim Schwimmbad; an der Thur.*

7. Wanderungen:
– *Stammheim – Stein am Rhein, ca. 4 Stunden*
– *Nussbaumer Seen, ca. 2 Stunden*

33

Rüschlikon   Ortsmuseum

Adresse:
Nidelbadstrasse 58, 8803 Rüschlikon

Kontaktperson: *Remo Gentina,*
Rütiweg 5, 8803 Rüschlikon,
Tel. 01 724 06 11 (Präsident der Kommission
Ortsmuseum)
Franziska Spirig, Gemeindeverwaltung,
8803 Rüschlikon, Tel. 01 724 25 50

Öffnungszeiten:
März – November,
jeden letzten Samstag im Monat,
10.00 – 12.00 Uhr

Eintritt: *frei*

Besuch: *geeignet ab 3./4. Klasse*

Was zu sehen ist:
Weinkeller mit Küfereigegenständen – Feuer-
wehrutensilien, -spritze.
Wohn- und Schlafstube, Küche – alter Krä-
merladen – Schuhmacherwerkstatt.
Fayencen-Sammlung.
Spitzensammlung – Handarbeiten aus der
früheren Handarbeitsschule.

In **Wechselausstellungen** *soll das frühere*
Dorfleben wieder erstehen.

Zum Ortsmuseum (seit 1983)

Durch ein Vermächtnis des Jakob Abegg im Jahre 1975 ging das ehemalige Weinbauernhaus aus dem frühen 18. Jahrhundert in den Besitz der Gemeinde über, die das Gebäude in drei Etappen (1980–1983) als Museum einrichtete, beginnend mit dem Keller, der fast ein eigenes, kleines Weinbaumuseum darstellt. Weitere Räume folgten, so dass der Gemeinde seit 1983 im prächtigen Riegelbau als würdiger Rahmen zur Präsentation des Sammelgutes ausser dem Kellergeschoss ein ganzes Stockwerk zur Verfügung steht.

Beim letzten Umbau erhielten die frühere Wohnstube, die Schlafstube, die Küche und die Eingangshalle ihr ursprüngliches, bäuerliches Aussehen zurück. Und wenn auch nicht alle Ausstattungsstücke aus dem Hause selbst stammen, so erwecken die Räume dennoch den Eindruck eines selbstbewussten Weinbauern, der sein eigener Herr und Meister war.

Durch verschiedene Schriften und Blätter, die im Museum zu finden sind, erfahren wir, dass die Landwirte von Rüschlikon (der Name hat nichts mit dem Wein zu tun!) vor 100 Jahren vornehmlich Weinbauern waren. So zählte die Gemeinde im Jahre 1880 über 100 Rebenbesitzer; angepflanzt wurden vorwiegend Weissweinreben, deren Wein sehr lange haltbar gewesen sein soll. Wir vernehmen auch, dass im letzten Jahrhundert die höchsten Mengenerträge im Zürichseegebiet erzielt wurden. Der rapide Rückgang der Rebbautätigkeit anfangs des 20. Jahrhunderts ist auf das befürchtete Auftreten der Reblaus, des Falschen Mehltaus, auf die Kunstweinherstellung (auch Verschnitt mit Usterapfelsaft!) und wohl auch auf die schattige Lage der «Pfnüselküste» zurückzuführen.

Auf dem Rundgang (er beginnt bei der Eingangshalle) begegnen wir zuerst dem wieder aufgebauten Krämerladen der Schwestern Hotz, dem «Miniaturwarenhaus» von gestern, in dem vom Knopf über Chlüren, Papeteriewaren und Herrenhemden bis zur Spritzkanne und zum Kohlenkessel sozusagen alles zu bekommen war, was der Mensch zum Leben brauchte.

Gleich anschliessend folgt die Schuhmacherwerkstatt von Heinrich Bliggensdorfer, der nach 46jähriger Tätigkeit seine gesamte Werkstatt gleich selber im Museum einbaute.

Prunkstück in der Wohnstube ist der Kachelofen mit der Allianzkachel «Johannes Abegg und Frau Ester Schwarzenbach sein Ehegemahl 1779». Der über 200 Jahre alte Ofen stammt ursprünglich aus einem Haus, das gegenüber dem Ortsmuseum stand. Beim Abbruch konnte der Ofen gerettet und hier wieder aufgebaut werden.

Auch die Küche mit dem typischen gerundeten Holzherd ist aus alten Beständen in der Gemeinde aufgebaut worden und wirkt heute wie eine echte alte Rüschlikoner Bauernküche.

Die Vitrinen mit Fayencen und Steingutgeschirr erinnern an die zwei Fayence-Manufakturen in Rüschlikon, die in der ersten Hälfte des 19. Jahrhunderts gegründet wurden. Die gezeigten Ausstellungsstücke entstammen der Fehrschen Manufaktur.

Nach den Worten eines ehemaligen Mitgliedes der «Kommission Ortsmuseum» soll das Ortsmuseum «... den alteingesessenen Mitbürgern an ihre Heimat wieder wachrufen und den Neuzuzügern eine neue Heimat vertraut machen...»

Hinweise für den Lehrer

1. Vorbereitung und Auswertung: *Es empfiehlt sich ein Vorbesuch des Museums. Dazu ist mit dem Präsidenten oder der Aktuarin Kontakt aufzunehmen.*
Schriften und Blätter:
- *«Ortsmuseum Rüschlikon». Zur Eröffnung am 20. März 1982 erschienener Überblick mit vielen Bildern. 31 Seiten.*
- *«Zur Eröffnung, 3. Umbauetappe, 30. April 1983», Übersicht.*
- *Zwei Blätter über Weinbau und Zürichsee-Reben.*
Naheliegend ist die Behandlung des Rebbaus, wozu sich viele Beispiele rund um den Zürichsee und im Weinland anbieten. (Natürlich auch in anderen Gegenden, z. B. in Birmensdorf usw.)
Zu erwähnen ist die Tatsache, dass die Dörfer Kilchberg, Rüschlikon und Adliswil unter den Kriegsereignissen 1799 (Schlacht zwischen Franzosen und Russen an den Ufern der Limmat), genau genommen beim Durchzug einer russischen Abteilung, schwere Verwüstungen und Plünderungen zu erleiden hatten.

2. Führungen: *Sie können durch den Lehrer, welcher den Museumsbesuch mit einer Unterrichtsstunde verbinden will, selbst vorgenommen werden. Es kann aber auch ein Führer vermittelt werden.*

3. Beziehung Schüler/Gegenstände: *Nur anschauen.*

4. Arbeitsgelegenheiten: *Im Museum leider keine. Im Freien gibt es viele Sitzbänke aus Holz und Stein.*

5. Verpflegungsmöglichkeiten: *Evtl. in der Seeanlage, auch bei der Forsthütte Kopfholz, mit Feuerstelle und Brunnen, ca. 20 Minuten vom Museum entfernt. Der in der Höhe gelegene «Park im Grünen» ist ebenfalls als Rastplatz benutzbar.*

6. Wanderungen: *Es wird empfohlen, die Wanderkarten (z. B. des Orell Füssli Verlages) zu konsultieren.*

34

Schlieren

Ortsmuseum

Adresse:
Badenerstrasse 15, 8952 Schlieren

Kontaktperson: *Fritz Scheidegger,*
Obere Bachstrasse 8, 8952 Schlieren,
Tel. 01 730 99 80

Öffnungszeiten:
Januar–Juni / Oktober–Dezember,
jeden 1. und 3. Sonntag,
10.00–12.00 Uhr
(sowie an Abstimmungssonntagen)
(für Schulen nach Vereinbarung)

Eintritt: *frei*

Besuch: *geeignet ab 3./4. Klasse*

Was zu sehen ist:
Küche (Ende 18. Jahrhundert) – Wohnstube
(Ende 19. Jahrhundert).
Alemannengrab von Schlieren (nur zeitweise).

In **Wechselausstellungen:** *Urkunden, Zeichnungen, Pläne, Ansichten, Vereine, Werkzeug, Geräte, Haushalt, Wohnen, Bilder, Baufragmente usw.*

Zum Ortsmuseum (seit 1953)

Die erste schriftliche Urkunde über Schlieren datiert vom 1. Juli 828, als der Alemanne Nandheri alle seine Güter in Würenlingen im Aargau dem Kloster St. Gallen vermachte. Diese Schenkungsurkunde wurde in sleiron (Schlieren) ausgefertigt. (Durch eine ähnliche beurkundete Schenkung eines Alemannen an das Fraumünsterstift in Zürich tauchte auch der Name piripoumesdorf [Birmensdorf] 876 zum erstenmal auf. Siehe Ortsmuseum Birmensdorf unter «Hinweise».)

Alemannischer Herkunft ist auch das in Schlieren gefundene Grab mit dem Skelett einer Alemannin, das zeitweise im Museum ausgestellt ist.

Die kleine heimatkundliche Sammlung ist in einem etwa hundertjährigen Bauernhaus (da

neben befindet sich die Scheune und Remise aus Backstein) untergebracht. Das Museum selbst steht am Rande des Dorfparkes an der Durchgangsstrasse.

Als permanente Ausstellung wird eine Küche aus dem zu Ende gehenden 18. Jahrhundert und eine Wohnstube aus dem Ende des 19. Jahrhunderts gezeigt. Der in neuerer Zeit verpönte Holzanstrich mit Maserung ist in der «guten Stube» als handwerklich sehr gekonnte Verschönerung noch zu sehen.

Seine heimlichen Schätze (aus Platzgründen ist ein grosser Teil des Ausstellungsgutes magaziniert) zeigt das Museum in vielen Wechselausstellungen, die in den sechs Räumen gut zur Geltung kommen.

Hinweise für den Lehrer

1. Vorbereitung und Auswertung: *Der Lehrer nimmt Kontakt mit dem Vorsteher der Vereinigung für Heimatkunde, Fritz Scheidegger, auf und besucht das Ortsmuseum.*
Schriften: Jahrhefte von Schlieren, seit 1954. Diese Hefte können auch gekauft werden.
Der Lehrer erkundigt sich auch über die im jeweiligen Zeitpunkt stattfindenden Wechselausstellungen, die ihm vielleicht zusätzliche Anregungen zu seinem Unterricht bringen können.
Alemannische Grabstätten sind im Kanton Zürich an vielen Orten gefunden worden (z. B. Bülach: über 300 alemannisch-fränkische Einzelgräber).
2. Führungen: *Mitglieder des Vorstandes sind bereit, durch die Ausstellung zu führen. Die Mitarbeit des Lehrers ist erwünscht.*
3. Beziehung Schüler/Gegenstände: *Nur anschauen.*

4. Arbeitsgelegenheiten: *Im Museum sind keine vorhanden. Sitzplätze im Park nebenan.*

5. Sehenswert:
– *Ruine Schönenwerd   (ca. 20 Min.)*
– *Ruine Glanzenberg   (ca. 30 Min.)*
(Von beiden Ruinen sind im wesentlichen nur Reste der Grundmauern erhalten.)

6. Verpflegungsmöglichkeiten: *In der Nähe des Museums befinden sich verschiedene Restaurants. Rastplätze gibt es auf dem Schlieremer Berg und im Dorfpark.*

7. Wanderungen:
– *Schlieremer Berg (ca. 15 Min.)*
– *Längs der Limmat*
– *Altberg (bei Weiningen) mit Restaurant auf dem Gipfel, Tel. 01 844 23 19*
   (ca. 1 Stunde, mit Bus bis Weiningen)

35

Stäfa   Ortsmuseum

Adresse:
Dorfstrasse, 8712 Stäfa (zur Farb)

Kontaktperson: *Werner Liechti,*
Dorfstrasse 6, 8712 Stäfa,
Tel. 01 926 14 72 (P) / 01 926 11 35 (G)

Öffnungszeiten:
Gemäss Publikation in Lokalpresse
(für Schulen nach Vereinbarung)

Eintritt: *frei*

Besuch: *geeignet ab Kindergarten*

Was zu sehen ist:
Wohnkultur: Stube, Schlafkammer, Kinder-
kammer, Textilkammer, Küche.
Dokumentenzimmer.
Gerichtsstube (Anfang 18. Jahrhundert).
Einheimische Gerätschaften – Baumtrotte
(18. Jahrhundert) – Obstmühle.
Trocknungslaube (für die Färberei).

Räume für **Wechselausstellungen**, *z. B. über*
den «Stäfnerhandel».

Zum Ortsmuseum (seit 1945)

Seit dem 16. Jahrhundert siedelte sich in Stäfa In- dustrie an, zunächst Färbereien und Zeugdrucke- reien, im 17. Jahrhundert Seiden- und im 18. Jahr- hundert Baumwollindustrie.

Im Haus zur Farb, einem prächtigen Gebäude- komplex aus der ersten Hälfte des 17. Jahrhun- derts, war früher eine Färberei eingerichtet, und in der grossen Laube mit den vielen Stangen wur- den die Tücher getrocknet.

Es ist das Verdienst der Lesegesellschaft Stäfa, dem Ortsmuseum zur Farb mit Hilfe der Ge- meinde und des Kantons den einstigen Glanz wie- derverliehen zu haben. Das sehr schön restau-

rierte Haus wurde im Herbst 1973 mit der Ausstel- lung über den bedeutenden Arzt Dr. med. Johan- nes Hegetschweiler (1789–1839, Stäfner Wissen- schafter und Staatsmann) wieder eröffnet.

Es erstaunt uns nicht zu vernehmen, dass in die- sem Bau um 1750 der Untervogt Pfenninger resi- dierte: Die Stube mit der barocken Kassetten- decke und dem schönen Einbaubuffet zeugen von gehobener Wohnkultur. Auch die Gerichtsstube mit der Butzenscheibenreihe legt Zeugnis ab von der niederen Gerichtsbarkeit, die hier ausgeübt wurde.

In der Küche glänzen die verschiedenen kleinen und grossen Kupferformen, und vielfältiges Küchengerät bereichert den Raum.

Es ist eine gute Idee der Museumsleitung, in den verschiedenen Räumen Blätter bereitzulegen, die dem Besucher Informationen über die vielen alten Gegenstände und Einrichtungen vermitteln.

Puppenstuben und allerlei Spielsachen beleben die Kinderkammer im zweiten Obergeschoss, während die Schlafkammer, ausgestattet mit Himmelbett und bemaltem Kasten, Wäschetruhe

und Kinderwiege, mit typischem Wandschmuck (Lebenssituationen und -sprüchen) verziert ist.

Ein Blick in den Kasten der kleinen Textilkammer zeigt uns einige Beispiele weiblicher Kunstfertigkeit: Ein Leintuch mit breiter Häkelspitze,

baumwollene Damenwäsche mit reichem Spitzenbesatz, ein gestricktes «Gstältli».

Im ursprünglichen Trottenhaus, wo landwirtschaftliche Gerätschaften, auch solche für den Weinbau, zu sehen sind, steht die riesige Baumtrotte aus dem 18. Jahrhundert an ihrem angestammten Platz.

Geht man um das grosse Haus herum (es enthält noch zwei Wohnungen), so entdeckt man nicht nur eine Bohlenständerwand, sondern freut sich auch über das aus Sandstein und Holz gebaute Schweineställchen, die sauber aufgeschichteten Holzburden, aber vor allem über den reichen Blumenschmuck, der von den Hausbewohnerfrauen liebevoll gepflegt wird.

Eine Augenweide ist auch der neuangelegte kleine Rebberg vor dem Hause, der an die grosse Weinbautradition der Gemeinde Stäfa erinnert.

Zukunftsmusik ist vorläufig für die Lesegesellschaft die Wiedereinrichtung der alten Färberei im Parterre. Wenn es einmal soweit ist, sollen in einem Vorgärtlein Pflanzen angebaut werden, die einst zur Stoffärberei gebraucht wurden.

Zuletzt noch der Wunsch der Lesegesellschaft Stäfa: «Möge die restaurierte ‹Farb› dazu beitragen, unserer Bevölkerung ein weites Fenster in die Vergangenheit offenzuhalten und so den Sinn für Zukünftiges zu schärfen; denn nur wer weiss, woher er kommt, kann mitentscheiden, wohin er geht.»

Hinweise für den Lehrer

1. Vorbereitung und Auswertung: *Die Kontaktnahme mit dem Konservator, Werner Liechti, und der Vorbesuch des Museums sind gegeben.*
Schriften:
– Blätter zur Erläuterung der Gegenstände liegen auf.
– Der Jahresbericht der Ritterhaus-Vereinigung Uerikon-Stäfa 1944 enthält einen Artikel von Hans Senn: «Das Farbhaus zu Stäfa» (Seiten 23–29).
Interessant ist die Tatsache, dass Goethe, der 1797 auf seiner Schweizer Reise in der «alten Krone» abgestiegen war, in «Wilhelm Meisters Wanderjahren» (3. Buch, 2. Teil) eine eingehende Schilderung des damaligen Spinnereibetriebes gibt. Eine hübsche Beschreibung von Stäfa und seiner höchst kultivierten Gegend ist von Goethe in seinem Bericht «Aus einer Reise in die Schweiz 1797» enthalten.
In Stäfa steht noch die ehemalige Zehntentrotte des Klosters Einsiedeln (um 1500), in der heute eine Sprachheilschule untergebracht ist. Der Zehnte war ein wichtiger Teil des alten Steuersystems sowohl kirchlicher als auch weltlicher Grundherren. (Der zehnte Teil des landwirtschaftlichen Ertrages, vorab an Getreide, Hülsenfrüchten, Heu, Obst,

weniger an Fleisch usw. als «trockener Zehnten» im Gegensatz zu «nassem Zehnten» wie Wein und Most.)

2. Führungen: *Der Lehrer sollte bei den Führungen mitwirken.*

3. Beziehung Schüler/Gegenstände: *Nach Angaben des Betreuers können gewisse Gegenstände in die Hand genommen werden. Auch Zeichnen ist möglich.*

4. Arbeitsgelegenheiten: *Nach Absprache möglich.*

5. Sehenswert: *Die Ritterhäuser von Uerikon: Ritterhaus (1490–1530 erbaut); Burgstall (1492 erbaut), ein bei der Erweiterung des mittelalterlichen Wohnturms entstandenes Verwaltungsgebäude der Einsiedler Ammänner.*

6. Verpflegungsmöglichkeiten: *Direkt beim Museum keine. Rastplätze am See bei der Schiffsanlegestelle.*

7. Wanderungen: *Verschiedene Möglichkeiten im Pfannenstiel-Gebiet (vgl. Wanderkarte des Kantons Zürich).*

36

Unterengstringen

Ortsmuseum

Adresse:
Weidstrasse 13, 8103 Unterengstringen
(«Haus zur Weid»)

Kontaktperson: *Max Fehr,*
Grünauweg 1, 8103 Unterengstringen,
Tel. 01 750 28 41
(Präsident der Ortsmuseumskommission)

Öffnungszeiten:
jeden 1. Sonntag im Monat,
10.00 – 12.00 Uhr
(ausgenommen Schulferien)
(Schulklassen nach Vereinbarung)

Eintritt: *frei*

Besuch: *geeignet ab 3. Klasse*

Was zu sehen ist:
Ackerbau: Die alten Geräte für Anbau,
Ernte, Dreschen und Säubern des Korns
(Windmühle).
Weinbau: Die alten Geräte im Vergleich mit
dem modernen Weinbau (in Photos). Kleine
Traubenpresse.
Handwerker: Sie arbeiteten einst im Dorfe:
Schuster, Küfer, Wagner, Zimmermann,
Schreiner.
Münzen, Masse, Gewichte in alter Zeit.
Überblick über die Geschichte des Dorfes. –
Relief des Dorfgebietes um 1850.
Alte Küche, Stube.
Feuerwehrgeräte und alte Feuerwehrspritze.

Wechselausstellungen *einmal jährlich zu*
Themen, die das Dorf betreffen.

Zum Ortsmuseum (seit 1980)

Eine Gemeinde sorgt vor: Schon 1938 erwarb sie einen ersten Drittel des Areals, 1958 den Rest des Gesamtareals von 420 Aren für 1,54 Millionen Franken. Für den Umbau war dann ein zusätzlicher Kredit von Fr. 850 000.— nötig, den die Gemeindeversammlung 1976 bewilligte. Das ist gesamthaft ein sehr hoher Betrag für eine Gemeinde mit rund zweieinhalbtausend Einwohnern und ein Zeichen dafür, dass ein ausgeprägter Sinn für Kultur und zur Erhaltung von altem Kulturgut vorhanden ist.

Die Rede ist vom «Haus zur Weid», das ehemals der Patrizierfamilie Werdmüller gehörte und deren prächtig restauriertes Landhaus aus dem 18. Jahrhundert nun teilweise der Gemeinde als «lebendiges Museum zur Bereicherung des Kulturlebens in der Gemeinde dient», wie sich der Gemeindepräsident bei der Eröffnung im Jahre 1980 ausdrückte.

In diesem Hause wohnte u. a. auch der Kunstmaler Otto Baumberger, an dessen Illustrationen zur Schweizer Geschichte sich wohl noch mancher Lehrer erinnert. Einige seiner Bilder schmücken die Wände im Museum.

Der eine Hausteil (auch das Waschhaus als Magazin) beherbergt nun das Ortsmuseum mit vielen Gerätschaften, insbesondere auch der Weinbauern und der Handwerker.

Die Museumsstube mit prächtigem grünem Kachelofen samt einladendem Ofentritt dient auch als Sitzungszimmer. Wertvolle Sammelstücke sind in Vitrinen untergebracht.

Im Dokumentenzimmer, das einen Überblick über die Geschichte des Dorfes vermittelt, steht ein grosses Relief des Dorfgebietes um 1850; die vielen Rebberge von damals heben sich in leuchtendem Grün hervor. Hier kann man auch die Grabplatte (Abguss) von Lütold II. von Regensberg betrachten, dem Gründer des Klosters Fahr, das zu Einsiedeln gehört. Nicht zu vergessen die kleinen Hufeisen der russischen Kosakenpferde aus der 2. Schlacht von Zürich.

1. Vorbereitung und Auswertung: *Der Lehrer nimmt Kontakt auf mit dem Präsidenten der Kommission und macht einen vorgängigen Museumsbesuch.*

4. Arbeitsgelegenheiten: *Ein grosser Tisch mit Stühlen steht in der Museumsstube. Mit Hilfe eines weiteren Tisches können leicht 20 Arbeitsplätze organisiert werden.*

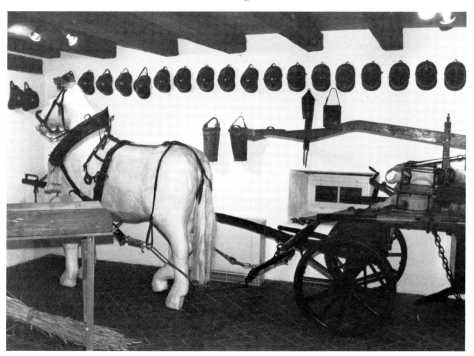

Schriften und Prospekte sind noch keine vorhanden. Im Zusammenhang mit dem alten Weinbau kann erwähnt werden, dass alte Landsitze am Zürichsee und im Limmattal z. T. prächtige Keller aufweisen, so z. B. der im Jahre 1758 erbaute «Sparrenberg» oberhalb Unterengstringen, der 1970 von der Gemeinde erworben wurde (siehe auch Ortsmuseum Schwamendingen unter «Hinweise»: Kehlhöfe). Die Kurzbeschreibung des «Sparrenbergs» findet man auf Seite 54 in «Denk mal!». Der dritte Landsitz in Unterengstringen ist der «Sonnenberg». Beste Erfahrungen machen die Schüler beim Museumsbesuch, wenn sie in Gruppen Aufträge erhalten, z. B. etwas zeichnen, beschreiben, herausfinden, suchen, den Kameraden erklären usw. müssen.

2. Führungen: *Die Führung durch den Klassenlehrer ist erwünscht. Auf Wunsch kann sie auch von einem Mitglied der Kommission übernommen werden.*

3. Beziehung Schüler/Gegenstände: *Nach Anweisung des Lehrers können gewisse Gegenstände in die Hand genommen werden.*

5. Sehenswert: *Die Ruinen von Burg und Städtchen Glanzenberg.*
Im Museum kann die Schrift «Glanzenberg, Burg und Stadt» von Walter Drack gekauft werden. Sie enthält einen Bericht über die Freilegungs- und Sicherungsarbeiten von 1975 und 1980/81.

6. Verpflegungsmöglichkeiten: *Rastplätze finden sich am Waldrand oberhalb des Museums, wenige Minuten entfernt, zwischen den Landsitzen Sparrenberg und Sonnenberg an der Bergstrasse. Auch das Kloster Fahr bietet eine Verpflegungsmöglichkeit. Die geräumige und schöne Gartenwirtschaft nimmt auch gerne Klassen auf.*

7. Wanderungen:
– *Ab Busstation Rütihof (Zürich-Höngg) – Sonnenberg – Unterengstringen – Kloster Fahr (etwa 1 Stunde)*
– *Ab Höngg – Gubrist – Sonnenberg – Unterengstringen – Kloster Fahr (ca. 2 Stunden). Rastplatz Glaubeneich auf dem Gubrist.*

37

Unterstammheim

Heimatmuseum Stammheimertal

Adresse:
8476 Unterstammheim

Kontaktperson: *Adolf Wäspi, Lehrer,*
8476 Unterstammheim, Tel. 054 45 14 33
(wenn keine Antwort:
Gemeindekanzlei, Tel. 054 45 12 77)

Öffnungszeiten:
April—Oktober,
jeden 1. Sonntag im Monat,
14.00—17.00 Uhr
(Schulen nach Vereinbarung)

Eintritt: *frei*
(für Schulen und Gesellschaften Fr. 30.–,
inkl. Führung)

Was zu sehen ist:
Bäuerliche Wohneinrichtung mit reichdotier-
ter Küche.
Aufbereitung von Flachs und Hanf.
Ackerwerkzeuge, landwirtschaftliche Ge-
räte, Pflüge.
Werkzeuge von Handwerkern *(Schreiner,*
Wagner, Zimmermann, Küfer) – Turmuhr.
Ortsgeschichte – Frühgeschichtliche Funde,
Steinsammlung.
Spitzen- und Häkelsammlung – Strickarbei-
ten.
In der Scheune: Trotte mit Trottbaum, Wein-
bau, Traubenmühle, Getreidebau.

Kleine **Wechselausstellungen** *(bitte anfra-*
gen).

Zum Heimatmuseum Stammheimertal (seit 1961)

Die reichhaltige heimatkundliche Sammlung ist in zwei Estrichgeschossen des prächtigen Gemeindehauses ausgestellt und überzeugt durch gut beschriftete und übersichtliche Abteilungen, in denen seltenes Ackerwerkzeug sowie verschiedene Handwerkerutensilien besonders stark vertreten sind.

Eine gemütliche Stube, daneben das Himmelbett mit Leinenzeug und eine reich ausgestattete Küche vermitteln einen guten Einblick in das Wohnen unserer bäuerlichen Vorfahren. Eine Zichorienmühle (für Wegwarte-Wurzeln) von 1730 erinnert daran, dass damals das Kaffeetrinken verboten war, weil die Zürcher Regierung das Geld im Lande behalten wollte!

Wer hat schon eine 400jährige, funktionstüchtige Turmuhr gesehen? Sie tickt noch ganz echt, und ihr Mechanismus löst unser Staunen aus.

Alte Masse und Gewichte, Geräte für die Hanf- und Flachsaufbereitung, Leuchter und Lampen und eine Spitzensammlung, Häkel- und Strickarbeiten geben Aufschluss über frühere Tätigkeiten und Lebensweisen.

An bibliophilen Kostbarkeiten findet man eine Froschauer-Bibel von 1556 sowie die beiden Bände der berühmten Stumpfschen Chronik aus dem 16. Jahrhundert, welche durch die Tatsache, dass Johannes Stumpf von 1543 bis 1561 Pfarrherr in Stammheim war, eine besondere Bedeutung erhält.

In der Scheune nebenan scheint das gewaltige Trottwerk fast die Mauern zu sprengen, während auf einer Art Empore über den in diesem Gebiet noch immer sehr wichtigen Rebbau anschaulich berichtet wird. Es sei daran erinnert, dass es anno 1901 nördlich der Thur noch 249 Trotten, die meist mehreren Besitzern gehörten, gab.

Die Winde über der Trotte ist dem im Stammertal stark verbreiteten Getreidebau gewidmet.

Berühmt sind sodann im Gemeindesaal des 1960 restaurierten Hauses die 26 prächtigen Wappenscheiben aus der Zeit von 1531 bis 1680. Als Spender solcher farbiger Scheiben – üblich war die Sitte des Scheibenschenkens im 16. und 17. Jahrhundert – traten hier auch die Räte von Zürich und Schaffhausen sowie das Kloster St. Georgen in Stein am Rhein auf. Der Saal wird von der Gemeinde als Versammlungsraum benützt; hier finden aber auch Bankette, zum Beispiel von Zürcher Zünften, statt. Eine seltene Zierde des Saales ist der kunstvoll bebilderte Pfauofen von Winterthur (1681).

Hinweise für den Lehrer

1. Vorbereitung und Auswertung: *Die Bespre-chung mit Adolf Wäspi ist sehr zu empfehlen, ebenso der Vorbesuch des Museums.*
Schriften sind leider (noch) keine vorhanden.
Gegeben ist die Besprechung des Weinlandes, des Weinbaus, der Weinbauernhäuser, der Riegelbau-ten, der Trotten, evtl. Zehntenscheunen und -trotten usw.
Prächtige Riegelhäuser zu Dutzenden sind zu se-hen in Ober- und Unterstammheim. Besonders er-wähnenswert sind der Gasthof Hirschen in Ober-stammheim, der in seiner Schönheit mit dem Hir-schen in Marthalen wetteifert, ferner das soge-nannte Girsbergerhaus in Unterstammheim, das an der hintern Giebelseite noch die alte Fachwerk-bautechnik des ausgehenden Mittelalters zeigt. Hinter dem abfallenden Kalkputz ist das alte, die Fache füllende, mit Lehm verstrichene Ruten-geflecht sichtbar sowie die kurzen Streben, die das Fachwerkgerippe versteifen.
Unterhalb der Kirche in Unterstammheim steht auch noch eine alte Trotte (man beachte die auf-gemalte Jahrzahl 1549 am Eckstud = Eckbalken-stütze).
(Mehr über Riegelbauten in den beiden Schriften «Denk mal!» Denkmalpflege im Kanton Zürich und «Siedlungs- und Baudenkmäler im Kanton Zürich», siehe auch unter Quellennachweis.)

2. Führungen: *Die Schüler werden durch ein Mit-glied der Kommission geführt. Der Lehrer über-nimmt die Aufsicht.*

3. Beziehung Schüler/Gegenstände: *Anschauen, der Führer erklärt die Funktion der Gegenstände; evtl. können einzelne Gegenstände in die Hand ge-nommen werden.*

4. Arbeitsgelegenheiten: *Im Museum sind leider keine vorhanden. Ausserhalb des Hauses: Sitzgele-genheiten evtl. auf dem Mäuerchen beim Kinder-garten.*

5. Sehenswert:
– *Die Galluskapelle («Hochgotisches Juwel im Weinland», auf Seite 27 zu lesen in «Denk mal!»), eine bereits 897 erwähnte Stiftung des Klosters St. Gallen. Der heutige Bau zeigt die ro-manische Kapelle des 12. Jahrhunderts. Fresken aus dem 14./15. Jahrhundert. Die Kapelle steht in Oberstammheim, ca. 1/2 Stunde entfernt.*
– *Schloss Schwandegg, Jugendherberge, ca. 1/2 Stunde.*

6. Verpflegungsmöglichkeiten: *Evtl. am Wald-rand oberhalb der Kirche oder im Restaurant Adler, Unterstammheim.*

7. Wanderungen:
– *Stammheim – Stein am Rhein   (ca. 2 Std.)*
– *Stammheim – Nussbaumersee (ca. 1 Std.)*

38

Urdorf   Ortsmuseum

Adresse:
Schulstrasse 40, 8902 Urdorf

Kontaktpersonen: *Christian Stamm,
Feldhof 6, 8902 Urdorf, Tel. 01 734 23 62
Hermann Obrist, Poststrasse 20,
8902 Urdorf, Tel. 01 734 50 74*

Öffnungszeiten:
*An Abstimmungssonntagen,
10.00–12.00 Uhr
(für Schulen nach Vereinbarung)*

Eintritt: *frei*

Besuch: *geeignet ab 4. Klasse*

Was zu sehen ist:
*Material für Heimatkunde und Gemeinde-
chronik, speziell: Bad Urdorf 1526–1702.
Turmuhr – Ofenkacheln – frühere Schuluten-
silien.
Römischer Ziegel (Fussbodenheizung) vom
römischen Gut «Heidenkeller».
Kleiner Plan vom Limmatübergang bei der
2. Schlacht von Zürich 1799.
Peabody-Gewehr der Schweizer Armee.*

Von Zeit zu Zeit Durchführung von **Wechselausstellungen** *(z. B. 1982/83: 150 Jahre
Volksschule).*

Zum Ortsmuseum (seit 1963)

Ein kleines Museum, das sich mit einem Raum von sechs auf sieben Meter bescheiden muss und dessen Schätze zumeist in Glaskästen und Vitrinen untergebracht sind. Durch die Erläuterungen des Betreuers, Christian Stamm, werden sie zum Leben erweckt. Er, der viele Jahre als Lehrer in Urdorf wirkte, hat das Museum als beauftragter Gemeindechronist und passionierter Sammler aufgebaut.

Gezeigt wird vorwiegend Material zur Heimatkunde, Dokumentationen zur Gemeindechronik, insbesondere über das ehemalige Bad Urdorf, das im Jahre 1526 als Konkurrenzunternehmen zu Baden erbaut wurde und bis 1702 als gesuchter Badgasthof diente. Zwingli und sein Nachfolger Bullinger badeten hier, und Conrad Gessner rühmte die gute Wirkung des Urdorfer Bades ebenso wie den prächtigen Bau.

(Die gehobene Schicht Zürichs besuchte schon früh die Thermalbäder in Baden, und vom 16. Jahrhundert an vermehrten sich die Bäder zusehends. Ein paar Beispiele aus dem Kanton Zürich: Das 1675 erbaute Landhaus Bocken bei Zürich, das 100 Jahre später eine Kur- und Badeanstalt wurde, das Nidelbad in Rüschlikon, das Wengibad in Aeugst, der Badgasthof Drei Könige in Richterswil, das Schwefelbad Girenbad ob Hinwil, das Moorbad Kämmoos bei Bubikon.)

Heute steht das mächtige, mit einem Krüppelwalmdach versehene Gebäude leer; sein Schicksal ist ungewiss. (Meist sind Krüppelwalmdächer ein Beweis für das hohe Alter des Gebäudes.)

Ein römischer Ziegel von einer Bodenheizung weist auf das Römerhaus «Heidenkeller» hin (500 Meter östlich des Gemeindehauses), dessen Ruinen schon im 16. Jahrhundert bekannt waren. Zeugen früher Besiedlung sind auch das gefundene Steinbeil an der Schulstrasse und Bronzeklingen im Reppischtal.

Gerne zeigt der gewiegte Führer auch das Peabody-Gewehr, mit dem die Schweizer Armee seinerzeit (30 000 Stück) ausgerüstet wurde. Es stammt aus Amerika und wurde im Sezessionskrieg (Bürgerkrieg von 1861 bis 1865) verwendet. (Sezession = Absonderung, hier die – vereitelte – Loslösung der Südstaaten von den USA. Nach dem Sieg der Nordstaaten wurde die Sklaverei abgeschafft.)

Urdorf wird im Zusammenhang mit der Stiftung des Klosters Engelberg 1124 genannt. Aus dem gleichen 12. Jahrhundert stammen auch die ersten Berichte über die Engelberger Kapelle St. Niklaus, der heutigen Kirche an der Kirchgasse. Eine «Offnung» von 1423 beschreibt die Pflichten und Rechte der Bauern, z. B.: «Wenn der Abt von Engelberg im Mai und im Herbst in den Meierhof zu Urdorf kommt, soll der Stall mit Dinkelstroh gestreut sein, dass es den Pferden an den Bauch geht.»

1823 konnte sich Niederurdorf mit dem Betrag von 4535 Gulden von den Zehntenabgaben an den Abt von Wettingen befreien. Aufgrund eines Gesetzes, das aus der Zeit der Franzosenherrschaft in der Schweiz stammte, war das möglich: Durch Zahlung des 25fachen Wertes der jährlichen Zehntenabgaben. Die Quittung liegt im Ortsmuseum.

Hinweise für den Lehrer

1. Vorbereitung und Auswertung: *Die Vorbereitung kann ausser durch den Vorbesuch des Museums durch das Ausleihen kleinerer Publikationen zur Dorfchronik bei Christian Stamm geschehen.*
Interessant ist die Geologie der Talmulde: Vor etwa 20000 Jahren hat ein Teil des Reussgletschers die Talmulde geformt, in der sich heute Urdorf ausbreitet. Aufgrund der Findlinge, die aus dem Glarnerland stammen, weiss man, dass sogar ein Arm des Linthgletschers über die Waldegg vorgestossen ist. (Siehe auch Ortsmuseum Birmensdorf unter «Hinweise»: «Die Geschichte [Geologie] eines Talkessels.»)
Eine Römerstrasse führte durch das heutige Gemeindegebiet.
Im Mittelalter regierten verschiedene geistliche und weltliche Grundbesitzer über die Siedlung: Die Ritter von Schönenwerd, die Klöster Engelberg, St. Blasien (wie auch in Birmensdorf), Wettingen, Muri, Hermetschwil, Grossmünster, später die Zürcher Obervögte und über Niederurdorf die Junker Steiner in Uitikon (bis 1798).
Ein Thema wäre auch «Baden» im Mittelalter und in der neueren Zeit.

Aufregung und Leiden brachte die Einquartierung der 5. französischen Division in Urdorf (2. Schlacht von Zürich 1799). Hauptquartier des Generals Lorge: die Taverne Zur Sonne, der frühere Badgasthof!

2. Führungen: *Die Führung bzw. Einführung und Begleitung durch den Lehrer ist erwünscht. Christian Stamm könnte sich den Ablauf folgendermassen vorstellen: 10 Minuten herumgehen und anschauen; 30 Minuten Hinweise und Demonstration interessanter Objekte (Schüler evtl. am Boden sitzend); 20 Minuten herumgehen, zeichnen, notieren, fragen.*

3. Beziehung Schüler/Gegenstände: *Einige Gegenstände (nach Weisung des Betreuers) können in die Hand genommen werden.*

4. Arbeitsgelegenheiten: *Es sind leider keine vorhanden.*

5. Wanderungen: *Birmensdorf – Reppischtal – Urdorf (1 1/2 Stunden).*

39

Wädenswil

Museum zur Hohlen Eich

Adresse:
Schönenbergstrasse 22, 8820 Wädenswil

Kontaktperson: *Peter Friedli,*
Schönenbergstrasse 22, 8820 Wädenswil,
Tel. 01 780 59 58 (Kustos)

Öffnungszeiten:
Mittwoch   14.00−17.00 Uhr
Sonntag   10.00−12.00 Uhr
*   14.00−16.00 Uhr*
(übrige Zeit auf Anfrage)

Eintritt: *frei (Führungen gratis)*

Besuch: *geeignet ab Kindergarten*

Was zu sehen ist:
Wohnen am oberen Zürichsee im 18./19.
Jahrhundert (Stube, Küche, Schlafzimmer).
Volkskundliches: Saure Wochen − frohe Fe-
ste»; Alltag und Festtag unserer Vorfahren
(Führer). − Gebäckzimmer (Gebäck und
Zuckerzeug, Tirggel-Model).
Landwirtschaft: Geräte, eingerichtete Senne-
rei.
Textile Hausindustrie: Flachs − Spinnen − We-
ben.
Naturgeschichte der Herrschaft Wädenswil
(Versteinerungen usw.).
Werkstätten: Kupferschmiede/Spenglerei −
Petschaftstecher-Graveur − Schuhmacherei −
Wagnerei.
Vom Bauerndorf zur Industriegemeinde:
Ansichten und Karten von Wädenswil.
Ehemaliger Weinkeller; heute Empfangs-
raum.

Durchführung von **Wechselausstellungen.**

Zum Museum zur Hohlen Eich (seit 1970)

Das Haus zur Hohlen Eich ist ein stattlicher Riegelbau von 1683, ein Zürichsee-Weinbauernhaus.
Das Gebäude wurde 1944 von der Gemeinde erworben und 1968/69 renoviert. Das Museum ist
Anfang 1970 eröffnet worden.

Es zeigt anhand ausgewählter Themen die Entwicklung eines Bauerndorfes zur Industriestadt;
es zeigt, wie unsere Vorfahren lebten und auf welche Weise sie ihren Lebensunterhalt bestritten.

Das Museum besticht durch seine Vielseitigkeit,
durch gute graphische Gestaltung und Darstellung sowie durch seine Informationsfülle.

Man sehe sich vor: Mit einem einmaligen Rundgang gewinnt man zwar einen gewissen Überblick
über die reichhaltige Sammlung; zur ganzen
volks- und heimatkundlichen Bedeutung wird
man damit aber kaum vordringen. Es lohnt sich,
im Museum zu verweilen und die Erläuterungen
in den aufliegenden Broschüren und jene zu den
einzelnen Vitrinen und Gegenständen durchzule-
sen. − Wir erleben dabei Alltag und Festtag unserer Vorfahren in lebendiger Anschaulichkeit.

Hinweise für den Lehrer

1. Vorbereitung und Auswertung: *Eine Bespre-*
chung mit dem Kustos und ein Vorbesuch des Mu-
seums sind erforderlich.
Ferner erleichtern folgende Broschüren die Vor-
bereitung: Saure Wochen − frohe Feste; Vom
Bauerndorf zur Industriegemeinde; Bäuerliches
Brauchtum im alten Wädenswil; Rezeptbüchlein:
Gebäck und Zuckerzeug aus alter Zeit.

Ob man die Kinder durchs Museum führt oder sie
in Gruppen arbeiten lässt − wozu sich das Museum
sehr gut eignet −, mit Vorteil wird man sich auf
eines oder wenige Themen beschränken.
Mögliche Themen für die Arbeit mit Schülern im
Museum:
− Wasserversorgung: Tüchelleitung (Wagnerei) −
* Dorfbrunnen (in der Nähe Sonnenbrunnen und*

ein Brunnen mit Handpumpe) – Wassergelte (Küche) – Giessfass (Stube) – Schüttstein – Abwassergraben (neben dem Haus).
- Licht: Kienspan (Keller) – Kerzen, auf dem Bauernhof hergestellt (Landwirtschaft) – Talglicht – Schusterkugel (Petschaftstecherei) – Petrollampe (Stube) – frühe elektrische Beleuchtung (Schuhmacherei) – Licht anzünden, Schwefelhölzchen (Küche)...
- Bau eines Holzrades (Wagnerei): Literatur: Paul Hugger, Ein Rad wird gebaut, Basel, Schweiz. Gesellschaft für Volkskunde, Reihe: Sterbendes Handwerk, 12 Seiten, ill.
- Holzrechen (Wagnerei): Literatur: Paul Hugger, Der Rechenmacher, Basel, gleiche Reihe wie oben, 12 Seiten, ill. (siehe auch Heimatmuseum Richterswil).
- Kupferkessel, -kanne (Kupferschmiede): Literatur: Marcus Seeberger, Basel, gleiche Reihe wie oben, 38 Seiten, ill.
- Textile Hausindustrie: Vom Flachs zum Faden – Spinnen – Weben; alle Geräte sind vorhanden.
- Entwicklung des Dorfbildes von Wädenswil (vom Bauerndorf zur Industriegemeinde).
- Entstehung unserer Landschaft (Naturgeschichte).
- Wärme: Kachelofen – Ofentreppe als «Heizung»

des Schlafzimmers – Fusswärmer – Steinsäcke/ Bettflasche (Stube und Schlafzimmer) u. v. a.

Arbeiten nach dem Museumsbesuch:
- Backen nach Rezeptbüchlein «Gebäck und Zuckerzeug aus alter Zeit» – Butter herstellen
- Käse herstellen (Käseunion liefert alles Nötige)
- Brief versiegeln
- Tran-, Öllampe modellieren
- Bau eines einfachen senkrechten «Webstuhls» – Spinnen mit Spinnrad oder von Hand
- Herstellen eines Modellbogens des Hauses zur Hohlen Eich aufgrund von Photos und Zeichnungen usw.

2. Führungen: Eine gründliche Vorbereitung der Schüler auf den Museumsbesuch ist sehr wichtig. – Die Führung geschieht durch den Kustos; sie kann aber nach guter Vorbereitung auch durch den Lehrer erfolgen.

3. Beziehung Schüler/Gegenstände: Viele Themen eignen sich sehr gut für die Arbeit in Gruppen (siehe Abschnitt 1).

4. Arbeitsgelegenheiten: Es sind Kartonunterlagen zum Schreiben oder Zeichnen vorhanden. Im ehemaligen Weinkeller kann eine Klasse am Tisch arbeiten.

5. Sehenswert:
- Reformierte Kirche; erbaut 1764–1767 von Hans Ulrich Grubenmann (Führung durch den Sigristen Werner Streuli).
- Türgass; alte Handwerkergasse mit vielen Riegelbauten.

6. Verpflegungsmöglichkeiten:
Picknick aus dem Rucksack ist im Weinkeller möglich (Gläser selber abwaschen).

7. Wanderungen:
- Etzel: Fahrt mit SOB bis Schindellegi; Wanderzeit 1¹/₂ Stunden.
- Burgruine Wädenswil: Grösste Burganlage im Kanton Zürich; ³/₄ Stunden; gute Spielmöglichkeiten.
- Schlieregg: Gute Übersicht über die Gletscherlandschaft im Wädensviler Berg; 1 Stunde.
- Sihlsprung: Mit Postauto bis Hirzel oder Schönenberg, von dort ca. 1 Stunde; Wanderung entlang der Sihl bis Schönenberg oder Hütten.
- Rossberg: Fahrt mit SOB bis Schindellegi, von dort 1 Stunde; sehr schöne Aussicht über den Zürichsee, ähnlich wie Etzel.

40

Wald

Ortsmuseum – Heimatmuseum (2 Gebäude)

Adresse:
*Reformiertes Kirchgemeindezentrum
«Windegg» (Ortsmuseum) –
Dorfzentrum (Heimatmuseum), 8636 Wald*

Kontaktpersonen: *Hans Köchling,
Binzholzstrasse 21, 8636 Wald,
Tel. 055 95 44 67 (Präsident der Heimat-
museumskommission)
Urs-Peter Zingg, Sunnehaldeweg 5,
8636 Wald, Tel. 055 95 28 49
(Museumsverwalter)
August Itel, Binzholzstrasse 17, 8636 Wald,
Tel. 055 95 20 25 (Gemeindechronist,
zuständig für Anmeldungen)*

Öffnungszeiten: *nach Vereinbarung
(bei Wechselausstellung gemäss Ankündigung
in der Lokalpresse)*

Eintritt: *frei*

Besuch: *geeignet ab 4./5. Klasse
(eher beschränkte Platzverhältnisse)*

Was zu sehen ist:
*Das Ortsmuseum:
Nur ein Raum im Riegelbau «Windegg»:
Zürcher-Oberländer-Stube mit alten Requi-
siten.
Sehenswert das gesamte neue Reformierte
Kirchgemeindezentrum «Windegg» in der
umgebauten fränkischen Winkelscheune.*

*Das Heimatmuseum im Dorfzentrum:
Bedeutende Gemeindechronik, die in* **Wechselausstellungen** *gezeigt wird: ca. 3000 Fach-
bücher über heimatkundliche Themen –
ca. 13 000 Dokumentationen über Fachge-
biete in einer Gemeinde.*

Zum Ortsmuseum – Heimatmuseum (seit 1937 resp. 1943)

Zum Ortsmuseum

««Die Windegg», einstmals ein trutziges Bürglein an einer ‹windigen Ecke› in Dorfnähe, später ein wichtiger Gewerbe- und Landwirtschaftsbetrieb in der heutigen Hofsiedlung und jetzt als Reformiertes Gemeindezentrum ein Ort der Begegnung und der Pflege kulturellen Gemeinschaftsgutes...» So beginnt die Einleitung von Walter Brändli, Präsident der Reformierten Kirchenpflege, zum hübschen «Einweihungsheft» aus dem Jahre 1978.

Die Pflege des kulturellen Gemeinschaftsgutes wird unterstrichen durch die Zürcher-Oberländer-Stube, eine holzgetäferte Stube mit warmer Ausstrahlung, die nicht nur vom sehr alten Kachelofen ausgeht, sondern ebenso von der Ausstattung mit Schiefertisch, alten Bauernschränken, den aufgehängten Sinnbildern und dem schönen Himmelbett, in dem Grossvater Krauer, der hier wohnte, schlief.

Schon im 17. Jahrhundert bewohnten die Krauer die «Windegg». Damals hatten sie von der Gemeinde Wald die Grubenrechte für eine Gerberei besessen. Die Gegend hier heisst heute noch «im Stampf», das ist der Ort, wo die Gerberlohe eingestampft wurde. Altersmässig wird der einzig-

artige Riegelbau mit seinen meterdicken Mauern im Trottenkeller in die zweite Hälfte des 17. Jahrhunderts eingestuft.

Vom Bürglein Windegg, das wohl im Mittelalter hier gestanden haben mag, weiss man nichts, wie denn alle weiteren Burgen im Gemeindegebiet, mit Ausnahme der Ruine Ballikon, verschwunden sind (Dienberg, Fründsberg, Laupen, Rossberg, Rüteliroos, Strickenberg, Forrbühl).

Im ersten Stock der «Windegg», in der drei Wohnungen vermietet sind, befinden sich Zimmer mit Einbaumöbeln und Intarsien, Kassettendecken und Parkettböden.

Gerne würde die Museumskommission die Bauernstube ausser den gezeigten Ausstattungsgegenständen (es sind noch zu sehen: Butterfass, Kartoffelstössel, Mausefalle, Gebärstuhl, einige Kleidungsstücke u. a.) um weitere Sammelobjekte bereichern, doch es fehlt der Platz. Es ist zu wünschen, dass das Raumangebot bald einmal vergrössert werden kann.

Es ist erstaunlich, was die Architekten beim Umbau der seltenen fränkischen Winkelscheune zustande brachten. Nicht nur wurde in dem alten Scheunenraum ein Saal mit prächtigem Balkenwerk verwirklicht; überdies sind einige grosszügige Räume für verschiedene Gemeindezwecke samt einer sehr schönen Eingangshalle mit künstlerischem Schmuck entstanden.

Zum Heimatmuseum

Was indessen das Heimatmuseum im Dorfkern über die Grenzen hinaus bekannt machte, ist seine berühmte Gemeindechronik, die der verstorbene Walder Lehrer Heinrich Krebser nach eigener, wegweisender Konzeption seit 1917 aufbaute. Die Philosophische Fakultät der Universität Zürich verlieh dem unermüdlichen Sammler und Betreuer im Jahre 1955 die Ehrendoktorwürde.

Als Forschungsbibliothek wird die Sammlung oft benützt, auch von Studenten, die unter Assistenz des hilfsbereiten jetzigen Gemeindechronisten ihre Lizentiats- oder Doktorarbeiten schreiben.

Eindrucksvoll sind die Gewandungen der Silvesterchläuse und die Uniformen der bekannten Knaben-«Umezüg», die im Heimatmuseum aufbewahrt sind. Heute noch wird ein lebendiges Brauchtum gepflegt, das weit ins 19. Jahrhundert zurückreicht. Welchem alten Walder schlägt nicht das Herz höher, wenn «d'Umezüg» in ihren alten, farbenfrohen Uniformen als militärisch straffe Formation mit Trommeln, Pfeifen und «knallharten» Dragonerschützen zur Fasnachtszeit das Dorfbild beleben! Und welches Kind freut sich nicht auf die schönen, glockenschwingenden Silvesterchläuse mit den hüpfenden, springenden «Schnappeseln», die einem das Gruseln beibringen können!

Auch das Heimatmuseum ist raummässig eingeengt; es zeigt deshalb seine Schätze in Wechselausstellungen.

Ortsmuseum Wald.

Hinweise für den Lehrer

1. Vorbereitung und Auswertung: *Eine rechtzeitige Voranmeldung bei August Itel ist nötig. Der Lehrer erhält vorgängig eine sehr instruktive Broschüre über das Dorf.*

Die politische Gemeinde Wald, eine der ausgedehntesten des Kantons, umfasst 160 Einzelsiedlungen. Wappen: In Silber drei grüne Tannen mit rotem Stamm auf grünem Grund.

Der Hof Walde gehörte als kyburgisches Lehen zum habsburgisch-österreichischen Amte Grüningen und kam mit diesem 1408 an die Stadt Zürich. Wald wurde mit allen Gerichten der Landvogtei Grüningen zugeteilt (bis 1798).

Schon am Ende des 18. Jahrhunderts waren von den 2800 Einwohnern die Hälfte mit Spinnen und Weben beschäftigt. Das Aufkommen der mechanischen Spinnerei verdrängte die Handarbeit. Bereits 1815 waren 15 kleine Wasserwerke für verschiedene Gewerbe im Betrieb. Dass das Leben der Weberfamilien trotz Kinderarbeit äusserst hart und karg war (heute vergleichbar mit den Entwicklungsländern!), wird gerne vergessen.

Seit 1924 hat sich Wald zu einem bedeutenden Industrieort (Webereien, Spinnereien) entwickelt.

Unterrichtsthemen:
– Wasserkraftwerke heute und früher (an kleinen und grossen Flüssen).
– Das Elend der Kinderarbeit (vor dem Fabrikgesetz).
– Betrachtung von Flarzbauten und anderen Häusern mit Webkellern.
– Haustypen im Zürcher Oberland (Flarzhäuser, Block- und Bohlenständerbauten, oft verschindelt wegen des rauheren Klimas).
– «Webstuhlbetrachtungen.» Evtl. Bauen eines Webstuhles.
– Kennzeichen der voralpinen Landschaften/Geologie.
– Alte Industrieanlagen im Tösstal (z. B. Guyer Zeller in Bauma).
– Landwirtschaft im Zürcher Oberland (auch «Chelleland» genannt, siehe auch im Buch von Olga Meyer: «Anneli»).

Kanzel. Die spätgotischen Glasfenster, eines davon mit dem Stifter der Kirche, «uolrich von frundsberg, stifter diser kilchen 1508», befinden sich (leider) im Landesmuseum.
– Die Pilgerherberge Zum Schwert in Blattenbach bei Wald. Bohlenständerbau mit reicher barokker Ornamentik, 1621 erbaut, früher Gasthaus

an der Pilgerstrasse für Pilger vor allem aus dem süddeutschen Raum, die vor dem Bahnbau in der 2. Hälfte des 19. Jahrhunderts nach Einsiedeln reisten.

2. Führungen: Sie werden unentgeltlich von August Itel durchgeführt, ohne dass dabei die Schüler überfordert werden.

3. Beziehung Schüler/Gegenstände: Im Ortsmuseum und Gemeindezentrum ist eine aktive Erfahrung möglich. Im Heimatmuseum wird die Chronik-Arbeit erläutert. Das Ganze ist in erster Linie Anschauungsunterricht.

4. Arbeitsgelegenheiten: Es gibt solche nur für kleine Gruppen. (Auf Wunsch wird eine Diaschau über das Brauchtum der Gemeinde gezeigt.)

5. Sehenswert:
– Die Kirche: Im Jahre 1757 erbaute der berühmte Kirchenbauer Jakob Grubenmann unter Beibehaltung des spätgotischen Turmes ein neues Langhaus. (Zwei weitere Kirchen von J. Grubenmann: Wädenswil und Hombrechtikon.) Sehenswert ist besonders die aufwendige dreiteilige

6. Verpflegungsmöglichkeiten: Rastplätze im nahe gelegenen Sagenraintobel und auf Bachtel-Kulm (ca. 2 Stunden). Alkoholfreies Restaurant im Dorf.

7. Wanderungen:
– Bachtel-Kulm, ca. 2 Stunden.
– Alp Scheidegg, ca. 2½ Stunden, Aufstieg durch das Sagenraintobel.
– Tössscheide, ca. 3 Stunden (grösste Staatswaldungen des Kantons Zürich).
– Farneralp, ca. 2 Stunden (vorbei an Zürcher Höhenklinik Faltigberg, bekannt unter dem Namen Sanatorium).

Wallisellen

Ortsmuseum

Adresse:
Alte Winterthurerstrasse 31,
8304 Wallisellen (im «Doktorhaus»)

Kontaktperson: *Kurt Benz,*
Guggenbühlstrasse 20, 8304 Wallisellen,
Tel. 01 830 21 16

Öffnungszeiten:
Januar – Juni, September – Dezember,
jeden 1. Sonntag im Monat,
13.30 – 15.30 Uhr
(Schulklassen nach Vereinbarung)

Eintritt: *frei*

Besuch: *geeignet ab 4. Klasse*
(max. 20 Schüler)

Was zu sehen ist:
Geräte für das Haus und für die Landwirtschaft – Bäuerliches Mobiliar, Himmelbett.
Darstellung der Hanf- und Flachsbearbeitung.
Ortsgeschichtliche Erinnerungen: Schrift- und Bildmaterial aus dem ehemaligen Dorf und seiner nächsten Umgebung.

Keine Wechselausstellungen.

Beschrieb des Ortsmuseums (seit 1976)

Auf dem Estrich des schön renovierten «Doktorhauses» von 1783, wo drei Generationen von Ärzten praktizierten (heute Restaurationsbetrieb), präsentiert sich eine kleine heimatkundliche Sammlung, die, wie der Betreuer betont, erst im Aufbau begriffen ist. Der offene Raum gibt den Blick frei auf das schöne Balkenwerk des Hauses, das den oberen Abschluss eines Restaurationssaales bildet.

Entsprechend bescheiden ist die Ausstellungsfläche, auf der als «Ergänzung zum Heimatkundeunterricht» bäuerliches Mobiliar vereinigt ist. Besonders beeindruckt uns natürlich das grosse Himmelbett. Ausserdem begegnen wir altem Geschirr und Glas, Schrift- und Bildmaterial aus dem ehemaligen Bauerndorf, haus- und landwirtschaftlichem Gerät.

Die Darstellung der Hanf- und Flachsbearbeitung könnte für den Handarbeitsunterricht von Nutzen sein.

Hinweise für den Lehrer

1. Vorbereitung und Auswertung: *Der Betreuer, Kurt Benz, empfiehlt eine Vorbesichtigung des Museums.*

2. Führungen: *Nach Gutdünken und Vereinbarung.*

3. Beziehung Schüler/Gegenstände: *Nur anschauen.*

4. Arbeitsgelegenheiten: *Leider keine.*

5. Sehenswert: *Die reformierte Kirche in Wallisellen ist eine der seltenen Jugendstilkirchen im Kanton Zürich. Sie wurde 1975 restauriert. Wallisellen gehörte kirchlich während Jahrhunderten zu Kloten, besass aber seit dem Mittelalter eine Kapelle, die 1707 erweitert wurde. Dennoch genügte sie wegen des Bevölkerungszuwachses gegen Ende des letzten Jahrhunderts nicht mehr. Leider wurde sie 1931 abgebrochen. Die jetzige Kirche wurde 1907/08 im damals modernen Jugendstil erbaut.*

6. Verpflegungsmöglichkeiten: *Wirtschaft zum Doktorhaus und andere Dorfwirtschaften.*

Weiach

Ortsmuseum

Adresse:
Lieberthaus bei der Mühle im Oberdorf,
8433 Weiach

Kontaktperson: *Hans Rutschmann,*
Oberdorf 262, 8433 Weiach,
Tel. 01 858 25 18

Öffnungszeiten:
Nach Vereinbarung
(bei Wechselausstellung
gemäss Ankündigung)

Eintritt: *frei*

Besuch: *geeignet ab 4. Klasse*

Was zu sehen ist:
Darstellung des kleinbäuerlichen Lebens
Ende des 19. Jahrhunderts.
Küche, Stube und Kammer im Original-
zustand.
Landwirtschaftliche Geräte.
Dokumente und Gegenstände zur Dorf-
geschichte.
Handarbeiten.
Wechselausstellungen *werden durchgeführt*
(z. B. 1984: Ur- und Frühgeschichte im Un-
terland, Haustypen, Ofenkacheln). – Die
Ausstellungen werden in der Lokalpresse an-
gekündigt.

Zum Ortsmuseum (seit 1968)

Als hätten die Bewohner ihr Haus auf einen kurzen Gang ins Dorf verlassen, so empfängt uns die Küche, die wir durch die Haustüre betreten: Es riecht ein wenig nach Holzherd und Kaffee, die Küchenschürze ist lose über den Stuhl geworfen. Und in der Stube liegen Nähzeug und Brille auf dem Tisch, als wäre gerade ein Knopf angenäht worden...

In der Tat, das Haus mit Küche, Stube und Schlafzimmer steht da, wie es die letzten Bewohner, die Geschwister Jakob und Luise Liebert, verlassen haben und wie es von den Erben mit einem Teil des Hausrates verkauft worden ist.

Wie der Betreuer des Ortsmuseums versichert, wird auch heute noch gelegentlich Kaffee gebraut auf dem alten, schön geschwungenen Holzherd, während auf dem Vorplatz im Freien frühere bäuerliche Aktivitäten (z.B. Wolle färben) im Gange sind.

Das Dreisässen-Riegelhaus aus der Mitte des 18. Jahrhunderts beherbergt aber neben landwirtschaftlichem Gerät auch Dokumente und Gegenstände aus dem Dorf.

Einzig dastehend ist wohl die mit Schiessscharten versehene Friedhofmauer (als Schutzschild gegen etwaige Einfälle aus der Landvogtei Baden), welche das Dorf Weiach aufzuweisen hat.

Hinweise für den Lehrer

1. Vorbereitung und Auswertung: *Bei der Anmeldung kann festgelegt werden, in welcher Art der Klassenbesuch durchgeführt werden soll.*
Es lohnt sich, im Unterland auf die Haustypen, vor allem auf die prächtigen Riegelhäuser, aufmerksam zu machen.
Von einem römischen Wachtturm im Hardwald sind Fundamentmauern konserviert.
Erdbefestigungsanlage: Wallanlage im Aebnet. Wahrscheinlich während der Ungarneinfälle im 10. Jahrhundert erbaut. (Ähnliche Befestigungsanlage wie die von Mönchen des Klosters St. Gallen 926 benützte Fluchtburg im Sittertobel, zwischen 925 und 955 zum Schutze gegen die Ungarn angelegt.)
Weitere solcher Wallanlagen im Kanton Zürich: Bülach «Alte Burg» (teilweise zerstört beim Bahnbau); Eglisau «Rinsberg»; Berg am Irchel «Schartenfluh».
Ein Modellschnittbogen «Zürcher Bauernhaus»

(Dreisässen-Riegelhaus), Bestellnummer 405, beim Pädagogischen Verlag des Lehrervereins Zürich, R+F. Müller, Postfach, 8126 Zumikon, erhältlich.

2. Führungen: *Sie werden von einem Kommissionsmitglied geleitet.*

3. Beziehung Schüler/Gegenstände: *Anschauen, evtl. zeichnen.*

4. Arbeitsgelegenheiten: *Leider keine vorhanden.*

5. Sehenswert:
– Kirche Weiach mit befestigtem Friedhof
– Städtchen Kaiserstuhl

6. Verpflegungsmöglichkeiten: *Landgasthof Zum Sternen, Restaurant Wiesental.*

7. Wanderungen: *Auf den Stadlerberg (637 m) ca. 1. Stunde. Nach Kaiserstuhl ca. 3/4 Stunden.*

43

Wetzikon   Ortsmuseum

Adresse:
Farbstrasse 1, 8620 Wetzikon
(in der Nähe der reformierten Kirche)

Kontaktperson: *Fritz Hürlimann,*
Spitalstrasse 13, 8620 Wetzikon,
Tel. 01 932 15 73 (Lehrer)

Öffnungszeiten:
jeden 1. Sonntag im Monat,
14.00–17.00 Uhr
(Schulklassen nach Vereinbarung)

Eintritt: *frei*

Besuch: *geeignet ab 5. Klasse*

Was zu sehen ist:
Heimatkundliche Sammlung:
Ur- und frühgeschichtliche Funde aus der Mittelsteinzeit, Jungsteinzeit, Bronzezeit, Römerzeit.
Funde einer Burggrabung.
Ofenkachelsammlung – Waffensammlung – Münzensammlung.
Zinnkannen, Uhren, Lampen, Spinnrad usw. – Möbel, Truhen, Stabellen.
Alte Urkunden, alte Stiche.
Harfe und Möbel aus dem Nachlass von Hans Georg Nägeli (der «schweizerische Sängervater»).
Arbeitsecke für Schüler.
Besitzer des Ausstellungsmaterials: Antiquarische Gesellschaft Wetzikon.

Gelegentlich **Wechselausstellungen.**

Zum Ortsmuseum (Wiedereröffnung Sommer 1985)

Nach den Worten des Konservators Fritz Hürlimann ist als wesentliche Neuerung im neu eingerichteten Museum die Arbeitsecke zu betrachten: «Weil das blosse Ansehen der Gegenstände wenig bringt, auch wenn interessante Erklärungen dazu abgegeben werden, soll der Schüler in unserem Museum werken können, natürlich im Zusammenhang mit unserem Anschauungsmaterial. Geplant sind etwa 40 Aktivitäten wie z. B. Urkunden lesen – Feuerschlagen – Steine und Knochen schleifen – Mit der Spindel und am Spinnrad spin-nen – Bleikugeln giessen – Getreide dreschen und mahlen – Briefe versiegeln – Beleuchtung mit Kienspan und Birkenrinde – Öllicht – Schuhmacherkugel usw.»

Diese Art Museumsbesuch für Schulen stellt ein äusserst erfreuliches Novum dar und dürfte wegweisend sein für die Beziehungen zwischen Schule und Ortsmuseum. Auf die Erfahrungen mit der grosszügig geplanten Arbeitsecke darf man gespannt sein.

Hinweise für den Lehrer

---

1. Vorbereitung und Auswertung: *Eine Vorbesprechung mit Besuch des Museums ist in jedem Fall zu empfehlen. Anhand einer bestehenden Wunschliste kann der Lehrer die gewünschten Aktivitäten bezeichnen.*
Die im gleichen Gebäude untergebrachte Chronikstube kann vom Lehrer ebenfalls für seine Vorbereitung benützt werden.
Urgeschichte: Dia-Schau, urgeschichtliches Werken, urgeschichtliche Materialkunde mit Übungen.
Arbeitsaufträge für Beschreibungen von Gegenständen.
Arbeitsmaterial wird der Klasse mitgegeben, da die Zeit meist nicht ausreicht, um etwas fertigzustellen. Auch Fundmaterial aus der Pfahlbauzeit usw. steht den Klassen zur Verfügung (Ausleihe).

Am vertorften südlichen Ende des Pfäffikersees entdeckte der Landwirt Jakob Messikommer 1858

steinzeitliche Pfahlbauten von grosser Ausdehnung mit drei übereinanderliegenden Siedlungsschichten.

Eine grössere Zahl von Fundstücken befindet sich im Schweizerischen Landesmuseum in Zürich, vieles ist ins Ausland verkauft worden. Doch zum Glück sind auch schöne Stücke vom Fundort Robenhausen im Besitz der Antiquarischen Gesellschaft Wetzikon und können im Ortsmuseum bestaunt werden.

Gefunden wurden Holzgeräte: Flachsbrecher, Bogen, Beilschäfte, Holzmesser und Holzschüsseln neben dem gewöhnlichen Material der neolithischen Periode (Jungsteinzeit), dazu ziemlich grobe Töpfereien. Aus der oberen Schicht stammen ein

Kupfer- und ein Bronzebeil sowie Gefässe, die als Lampen oder Schmelztiegel gedient haben könnten.

In Robank befindet sich der grösste Fürstengrabhügel aus der Hallstattperiode (ältere Eisenzeit, um 500 vor Chr.).

2. Führungen: Auf eine Führung wird verzichtet, da alles genügend beschriftet ist. Selbstverständlich kann der Lehrer auch eine Führung vornehmen, ohne die Arbeitsecke zu benützen.

3. Beziehung Schüler/Gegenstände: Die weiter oben erwähnte Arbeitsecke bietet eine Fülle von Aktivitäten.

4. Arbeitsgelegenheiten: Im Museum stehen Tische und Bänke zur Verfügung.

5. Sehenswert:
– Die reformierte Kirche in Wetzikon: Die grösste neugotische Kirche der Zürcher Landschaft, 1895 – 1897 erbaut, faszinierend durch moderne Formenkombinationen.
– Das Schloss Wetzikon: Die Familie der Freiherren von Wetzikon scheint um 1298 erloschen zu sein. Ihr Nachfolger war Ritter Peter von Ebersberg 1320. Um 1430 kam das Schloss an die Familie von Breitenlandenberg und ging 1526 in Privatbesitz über, bis es 1617 unter Junker Hans Rudolf Meiss zum Edelsitz umgebaut wurde. Ursprünglich hatte die ehemalige Burg zwei feste Türme mit Zwinger, Mauer und ovalem, wassergefülltem Graben. Seit 1815 wieder Privatbesitz. Heute im Besitz der Familie Jost-Meier.

6. Verpflegungsmöglichkeiten: Keine Vorschläge.

7. Wanderungen: Aufsuchen von urgeschichtlichen Örtlichkeiten: Refugium mit Wall bei Aathal, Fürstengrab Robank, römische Villa bei Ottenhausen, Naturschutzgebiet Robenhauserried, das schmuckvollste Flarzhaus im Rutschberg, Kemptnertobel usw.

Wassereimer sowohl aus Stoff (links) als auch aus Holz waren bei der Feuerwehr im Einsatz.

44

Wiesendangen

Ortsmuseum (2 Gebäude)

Adresse:
Schlossturm und Spycher,
8542 Wiesendangen

Kontaktpersonen: *Dr. med. H. Stiefel-Drack,*
Im Gässli 5, 8542 Wiesendangen,
Tel. 052 37 24 58
Frau L. Gattiker, Buecheggstrasse 3,
8542 Wiesendangen, Tel. 052 37 16 66
oder Gemeindeverwaltung (Führungen),
Tel. 052 37 23 21

Öffnungszeiten:
Ortsmuseum: jeden 1. Sonntag im Monat,
14.00–17.00 Uhr
Spycher: Mai–Oktober,
jeden 1. Sonntag im Monat,
14.00–17.00 Uhr
(Führungen ausserhalb der Öffnungszeiten
nach Vereinbarung)

Eintritt: *frei (freiwilliger Beitrag)*

Besuch: *geeignet ab 4. Klasse*

Was zu sehen ist:
Im Schlossturm:
Treppenhaus: Alte Waffen und Feuerwehr-
geräte.
Stube: Kachelofen des Elgger Hafners Spiller
aus dem Jahr 1782, Renaissance-Kasten mit
Uniformen, Truhen, Gebrauchsgegenstände,
Biedermeier-Möbel (Spielzeugecke).
Museumsraum:
Küche mit vielen alten Küchengeräten. –
Vom rohen Flachs zum fertigen Kleid.
Estrich:
Werkzeuge von Schreiner, Zimmermann und
Schmied. – Ofenkacheln.
Im Spycher (an der Birchstrasse):
Geräte für Wein- und Ackerbau.

Wechselausstellungen *werden von Zeit zu*
Zeit durchgeführt.

Zum Ortsmuseum (seit 1967)

Der wehrhafte Turm mit dem Mansart-Dach (be-wohnbares Dachgeschoss, erstmalig entworfen vom französischen Baumeister Jules Mansart (1646–1708) steht mitten im Dorf. Graf Berchtold von Märstetten, ein Neffe des Grafen Adalbert von Mörsburg, liess ihn 1120 als «Weyer-huus» errichten. Von nun an nannte er sich «von Wiesendangen», seine Söhne «Ritter von Wiesendangen».

Nachdem die Herren von Wiesendangen im

Dienste der Habsburger in höhere Ämter empor-gestiegen waren, lockerten sich die Beziehungen zur Burg, die von Anfang an nur aus dem Wohn-turm bestanden hatte. Schon 1408 war die Burg in bäuerlichem Besitz; Stall, Scheune und Wohnun-gen wurden angebaut.

Seit 1958 der politischen Gemeinde gehörend, von störenden Anbauten befreit, dient sie seit 1967 der Gemeinde als Ortsmuseum.

Das Dorf, schon 804 in einer Schenkungsurkunde des Klosters St. Gallen Wisuntwangas (Wisent-Anger) genannt, entwickelte sich aus frühmittel-alterlichen Anfängen zwischen der Kirche und dem Wohnturm entlang dem Wiesbach zum lang-gezogenen Strassendorf.

Der unterste Raum im Turm wird für Jugendfeste, Familien- und Vereinsanlässe rege benützt. Das Sitzungszimmer im ersten Stock, ein teilweise mit antiken Möbeln ausgestatteter Raum, steht den Behörden und Kommissionen zur Verfügung.

In den drei oberen Geschossen kommt das vor-wiegend bäuerliche Ausstellungsgut vorteilhaft zur Geltung: Besonders die Puppen in alten Trachten und Kleidern lassen die Vergangenheit und frühere Tätigkeiten lebendig werden.

Im Spycher aus dem 17. Jahrhundert (am heuti-gen Dorfrand stehend) werden die im Rebbau früher gebräuchlichen Geräte und Werkzeuge gezeigt. Der aus Stein und Holz gebaute Speicher wurde 1979 durch die Gemeinde vor dem Zerfall gerettet und weist von der Holzkonstruktion her eine Besonderheit auf: Die Wandpfosten der Süd-wand stehen auf einer mächtigen Eichenschwelle und sind mit stehenden Bohlen (= mindestens 50 mm dicke Bretter) verschalt. (Also kein Bohlenständerbau, bei dem die Bohlen [= Bretter] liegend verzapft sind.)

Hinweise für den Lehrer

1. Vorbereitung und Auswertung: *Nach Anmeldung und Bezug des kleinen Museumsführers empfiehlt es sich, die beiden Museen vorgängig zu besuchen.*
Zum Dorfnamen Wiesendangen: Das Gemeindewappen enthält ein Wisentgehörn. Es ist durchaus denkbar, dass das mächtigste Landtier Europas, das nach dem Zweiten Weltkrieg fast ausgestorben war, früher auch in der Gegend von Wiesendangen vorkam. Heute darf die bedrohte Tierart dank einer «Internationalen Gesellschaft zur Erhaltung des Wisents», die den weltweiten Bestand von 56 Exemplaren auf 2000 erhöhen konnte, als gesichert gelten. Das zur Gattung der Rinder gehörende, eindrucksvolle Tier mit Buckel, Mähne und Bart kann auch im Tierpark Bruderhaus Winterthur besichtigt werden, ausserdem in den Zoologischen Gärten von Zürich, Bern und Basel.

Unterrichtsthemen:
– Die grössten Landtiere früher und heute
– Wohntürme im Kanton Zürich
  Vom Hardturm an der Limmat in Zürich gibt es einen Modellschnittbogen (Nr. 406 des Pädagogischen Verlages des Lehrervereins Zürich, erhältlich bei R. + F. Müller, Postfach, 8126 Zumikon).
– Flachsverarbeitung

2. Führungen: *Die Führungen werden unter Begleitung des Lehrers durch ein Mitglied der Museumskommission durchgeführt.*

3. Beziehung Schüler/Gegenstände: *Der Schüler kann die Gegenstände anschauen, Notizen machen, zeichnen.*

4. Arbeitsgelegenheiten: *Im Kellerraum sind Tische und Stühle für ca. 20 Personen vorhanden.*

5. Sehenswert:
– Die spätgotische Kirche mit Malereien im Chor vom bedeutenden Winterthurer Maler Hans Haggenberg (entstanden gegen Ende des 15. Jahrhunderts), von dem auch im Schloss Hegi in der unteren Kapelle Rankenwerk und Freskenresten anzutreffen sind.
– Technorama Winterthur (Marschzeit ca. 1/2 Stunde).
– Mörsburg (Marschzeit ca. 1 Stunde).
– Schloss Hegi (Marschzeit ca. 1/2 Stunde).

6. Verpflegungsmöglichkeiten: *Restaurants Storchen und Löwen, Café Wisent.*

7. Wanderungen: *Oberwinterthur – Wiesendangen – Frauenfeld (markiert), ca. 3 1/4 Stunden.*

45

Wila   Ortsmuseum

Adresse:
Ecke Tablatstrasse/Stationsstrasse
(beim Bahnhof), 8492 Wila

Kontaktperson: *Hans König,*
Looackerstrasse 1, 8492 Wila,
Tel. 052 45 17 12

Öffnungszeiten:
November–Mai,
jeden 1. Sonntag im Monat,
14.00–17.00 Uhr
(Schulklassen und Gruppen – mindestens
8 Personen – während des ganzen Jahres nach
Vereinbarung)

Eintritt: *frei*

Besuch: *geeignet ab 3./4. Klasse*

Was zu sehen ist:
Werkzeuge und Gebrauchsgegenstände aus
Hof, Feld und Wald.
Werkzeuge des Gerbers und des Wagners.
Handweberei, alter Tösstaler Webstuhl.
Feuerwehrgerätschaften.
Zeugnisse über das Leben der Vereine und des
Dorfes im allgemeinen.
Windmühle – einfachste Dreschmaschine.

Vorderhand **keine Wechselausstellungen.**

Zum Ortsmuseum (seit 1983)

Die kleine heimatkundliche Sammlung ist in einem Schulzimmer des ehemaligen Sekundarschulhauses untergebracht und zeugt vom unentwegten Fleiss und von der Ausdauer eines leidenschaftlichen Sammlers: Hans König. Er hat seit seiner Pensionierung mit Hilfe seines Mitarbeiters

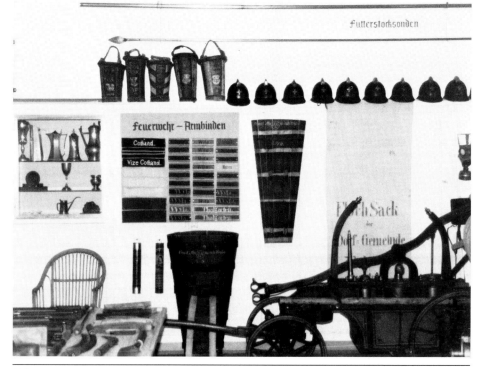

Hansjörg Leiser beachtliches Anschauungsmaterial aus vergangenen Zeiten – es stammt alles aus der Gemeinde Wila – zusammengetragen.

Da grüssen die verschiedenen Vereine in Gruppenbildern von den mit Fahnentuch geschmückten Wänden; die alte Feuerspritze mit Requisiten der Feuerwehr hat ihren Platz; eine Ecke für Kirche und Schule, in der alte Abrechnungsbücher unsere Aufmerksamkeit finden, berichtet aus vergangener Zeit. So belief sich der Lehrerlohn für das volle Jahr 1867 auf Fr. 576.– (inklusive das verrechnete Holz!).

Auf dem langen Tisch sind Werkzeuge verschiedener Handwerker, sorgfältig gereinigt, aneinandergereiht, wobei die reichhaltigen Arbeitsgeräte des Gerbers besonders auffallen. In einer Vitrine liegen neben Rationierungsmarken aus dem Ersten Weltkrieg Urkunden von den Herren von Breitenlandenberg.

Die Herren von Landenberg, deren Abstammung auf die sanktgallischen Klostermeier in Turbenthal zurückgehen könnte, bewohnten ursprünglich ihre Burgen im Tösstal: Breitenlandenberg bei Wila, Alt-Landenberg bei Bauma, Hohenlandenberg zwischen Tablat und Blitterswil. Die Ruine der vermutlich sehr alten Rodungsburg Alt-Landenberg (erbaut vom Grundherrn für den Leiter und Aufseher der Waldrodungen) ist durch private Initiative gesichert worden.

Zahlreiche Burgen gehörten für kürzere oder längere Zeit den Herren von Landenberg. Wir begegnen ihnen auf den Burgen Greifensee, Grüningen, Kyburg, Hegi, Elgg, Alt-Regensberg, Wetzikon, Alt-Wülflingen und Werdegg, um die bedeutenderen zu nennen. Ihren Herrschaftsbereich vermochten sie durch politische Zielstrebigkeit und durch ebenso gezielte Heiratspolitik auszudehnen, vor allem durch die Ausrichtung auf die Habsburger nach dem Aussterben der Grafen von Kyburg, was auch eine wachsende Bedeutung der Landenberger am österreichischen Hofe mit sich brachte.

Der Fund eines kleinen römischen Mühlsteines (die aufgefundenen römischen Münzen sind leider wieder verschwunden) erstaunt nicht, wenn man weiss, dass in der Nähe des Dorfes eine römische Strasse vom Kastell Irgenhausen zum Kastell Oberwinterthur vorbeiführte.

Der grosse Webstuhl erinnert an die früher sehr verbreitete Heimweberei, die hölzernen Kellen an die Kellenschnitzerei im Zürcher Oberland.

Die zwei Flösserhaken an der Wand wecken die Erinnerung an die früheren schweren Überschwemmungen der Töss, die als wohl einziges Positivum den Bewohnern willkommenes Schwemmholz lieferten. (Im «Anneli» von Olga Meyer lesen wir vom «Chelleland» und einer schweren Tössüberschwemmung.)

Bleibt noch zu berichten, dass beim Weiler Schuppis Braunkohle entdeckt (und auch ein wenig aus der Erde «gebuddelt») wurde.

Hinweise für den Lehrer

1. Vorbereitung und Auswertung: *Der Lehrer bespricht die Führung mit Hans König. Der Vorbesuch des Museums ist zu empfehlen.*
Unterrichtsthemen:
- *Das Zürcher Oberland – Die Töss – Gubel und Höhlen im Töss- und Jonagebiet.*
- *Von der Handweberei zur mechanischen Weberei.*
- *Römerstrassen im Kanton Zürich und anderswo.*
- *Kastell Oberwinterthur (siehe auch im Museum Lindengut in Winterthur).*
- *Rationierung im Krieg.*
- *Modell einer Burg (z. B. Schnittbogen im Schloss Hegi, Tel. 052 27 38 40 (Verwalter), oder Modellschnittbogen Nr. 414: Schloss Kyburg, erhältlich beim Pädagogischen Verlag des Lehrervereins Zürich, R + F. Müller, Postfach, 8126 Zumikon).*
- *Wie früher gegerbt wurde.*

2. Führungen: *In Begleitung des Lehrers führt Hans König durch das Museum.*

3. Beziehung Schüler/Gegenstände: *Viele Gegenstände können in die Hand genommen werden.*

4. Arbeitsgelegenheiten: *Im Museum leider keine. Bei trockener Witterung Benützung des Turnplatzes.*

5. Sehenswert:
- *Kirche Wila: Der Turm am Chor der Kirche gehörte zur um 1288 erbauten Kirche und ist im Innern mit Kreuzrippengewölbe ausgestattet. Die mittelalterlichen Chortürme sind typisch für die Zürcher Landschaft. – In der Kirche wurden sehr alte Grundmauern (7. Jahrhundert) entdeckt.*
- *Alte Post: Schöner Riegelbau.*

6. Verpflegungsmöglichkeiten: *Restaurants im Dorf. – Etwa 200 m nördlich der Turnhalle am Tössradweg Feuerstelle mit Grilliermöglichkeit.*

7. Wanderungen:
- *Wila – Hörnli – Steg, auch umgekehrt (ca. 5–6 Stunden)*
- *Hochlandenberg – Altlandenberg – Gujer-Zeller-Weg (ca. 3 Stunden). Siehe auch Wanderkarte der Zürcher Kantonalbank «Gujer-Zeller-Wanderwege».*
- *Verschiedene Wanderwege nach Sitzberg (schöne alte Orgel (ca. 2 Stunden)*
- *Pfäffikon (2 Stunden)*
- *Luegete – Wildberg – Turbenthal oder Rikon (1½ Stunden)*

46

Winterthur

Museum Lindengut

Adresse:
Römerstrasse 8, 8400 Winterthur,
Tel. 052 23 47 77 (Hauswart)

Kontaktperson: *Dr. Jürg Muraro,*
Rychenbergstrasse 104, 8400 Winterthur,
Tel. 052 22 22 80 (Konservator)
(Anmeldungen für Klassenbesuche
beim Hauswart)

Öffnungszeiten:
Di–Do, Sa   14.00–17.00 Uhr
So   10.00–12.00 Uhr
*   14.00–17.00 Uhr*
Spielzeugausstellung im Kutscherhaus:
Mi+So   14.00–17.00 Uhr
(keine Sonderregelung für Schulklassen)

Eintritt: *Erwachsene   Fr. 1.10*
*   Jugendliche   Fr. –.50*
Schüler unter Führung des Lehrers gratis
(bei Sonderausstellungen z.T. erhöhte
Eintrittspreise)

Besuch: *geeignet ab 3. Klasse*

Was zu sehen ist:
Geschichte Winterthurs von den Römern bis
ins 19. Jahrhundert.
Kunstgewerbe, vor allem Keramik (Pfau!).
Wappenscheiben und Uhren (Liechti!).
Interieurs aus dem 18. Jahrhundert.
Im Keller: Turmuhren und schmiedeiserne
Gitter, kleines Planetarium.
Spielzeugausstellung im Kutscherhaus / Feuer-
wehrspritze, Wagen in Remise.

Periodisch **Wechselausstellungen.**

Zum Museum Lindengut (seit 1956)

Im ausgehenden 18. Jahrhundert erbaute sich ein im Salzhandel und Sali-
nenbau reich gewordener Bürger,
ursprünglich ein Badenser namens
Clais (sprich: «Gleis») das vornehme Landhaus Lindengut.
Nach mehreren Besitzer-
wechseln konnte die Stadt im
Jahre 1946 das Gut samt
Ökonomiegebäuden und Park
erwerben. Dem Historisch-
antiquarischen Verein Winterthur, der die innere Ausgestal-
tung des Hauses zum Museum
übernommen hatte, wurde auch
der Betrieb übertragen. Ein Ver-
trag regelt die Beziehungen zwischen dem Verein und der Stadt,
die für das Betriebsdefizit auf-
kommt.

Das heutige kulturhistorische
Museum beherbergt eine reichhaltige und bedeutende heimatkundliche Sammlung, in welcher die Funde
aus der Römerzeit (Kastell Oberwinterthur), das Kunstgewerbe, vor
allem Keramik, aber auch Glas-
malerei und Erinnerungen an be-

deutende Persönlichkeiten die Schwerpunkte
bilden.

Der Rundgang durch die zahlreichen
Räume lässt die Weltoffenheit und
Wohlhabenheit der Stadt bis zur Mitte
des 19. Jahrhunderts erkennen.

Eine grosse Relief-Darstellung zeigt
Winterthur Anfang des 19. Jahrhunderts
und verdeutlicht die grossen Veränderungen, welche die Stadt seither erfahren hat.

In enger Verbindung mit der Gegenwart steht das Lindengut durch das
«Trauzimmer», in welchem das Zivil-
standsamt die Trauungen in stim-
mungsvoll-historischem Rahmen
vornimmt.

Im geräumigen Obergeschoss des
Kutscherhauses ist eine entzük-
kende Spielzeugausstellung (mit
Ausstellungsgut von Mitte 19. Jahrhundert bis zur Gegenwart) sehr «kin-
dergemäss» eingerichtet worden. Die
meisten der gezeigten Stücke stammen aus Winterthurer Privatbesitz.

Hinweise für den Lehrer

1. Vorbereitung und Auswertung: *Der Konservator, Dr. Muraro: «Ohne Vorbereitung des Lehrers – der eine bewusste Auswahl treffen sollte – ist ein Besuch wenig sinnvoll. Die Klasse sollte zu den zu besichtigenden Objekten vom Unterricht her einen allgemeinen Bezug herstellen können.» Der vorbereitende Besuch des Museums ist unerlässlich, ebenso das Studium des vorzüglichen Museumsführers, dem wir noch einige Details entnehmen: Keramik (besonders Kachelöfen): z. B. ein Prachtsofen von H. C. Erhardt, sodann die Pfau-Öfen von Abraham, Heinrich und Hans Heinrich Pfau, die im 17. und 18. Jahrhundert entstanden.*

Die Uhrmacherfamilien Liechti (Laurenz, Erhard, Andreas, Hansjakob Liechti), die Uhren während des 16. Jahrhunderts bis ins 18. Jahrhundert herstellten. (Siehe z. B. die Turmuhr im Keller, die schöne Liechti-Uhr [1720 von Hansjakob Liechti] u. a.)

Gemälde von bedeutenden Winterthurer Landschafts- und Porträtmalern sind in Zimmern und Korridoren, aber auch in Täfelmalereien vertreten.

Von einer grossen Schweizerischen Zinnfiguren-Ausstellung (1981/82) sind noch eine Anzahl Vitrinen erhalten, die mit ihren leuchtend und fein bemalten Figuren eine Augenweide sind.

Zinn, schönes Geschirr, namentlich geschliffenes Glas, sind in Vitrinen des Korridors (unterer Stock) ausgestellt.

Das römische Kastell in Oberwinterthur: Münzen- und Keramikfunde, gallorömisches Urnengrab, die Kopie eines Inschriftsteines vom Kastell aus dem Jahre 294 n. Chr. enthält die erste schriftliche Fixierung des Namens Vitudurum. Modellschnittbogen Römerhaus Augst, Nr. 411,

erhältlich im Pädagogischen Verlag des Lehrervereins Zürich bei R.+F. Müller, Postfach, 8126 Zumikon.

Schriften:

– *«Das Kulturhistorische Museum Lindengut» von Werner Ganz. Ein schweizerischer Kunstführer (entspricht dem Museumsführer).*
– *«Winterthur: Museen – Burgen.» Herausgeber: Verkehrsverein Winterthur, Tel. 052 220088.*
– *«Winterthur, die Stadt der schönen Künste», ein kleiner, farbiger Führer, Kartenverlag, 8403 Winterthur, Tel. 052 281367.*

Zu den Wechselausstellungen: Beispiele aus der letzten Zeit: Dokumente zur Geschichte der Grafen von Kyburg (u. a. Originalurkunden aus dem gesamten schweizerischen Raum), kleinere Sonderausstellungen zur Winterthurer Lokalgeschichte, z. B. Winterthurer Postgeschichte.

2. Führungen: *Der Lehrer führt selber.*

3. Beziehung Schüler/Gegenstände: *Nur anschauen. Die gute Führung der Klasse ist unerlässlich. Aus Sicherheitsgründen werden heute die Ausstellungsstücke nur noch hinter Glas gezeigt (mit Ausnahmen).*

4. Arbeitsgelegenheiten: *Leider keine.*

5. Sehenswert: *Vgl. Kunstführer, z. B. «Altstadt Winterthur», Schweizerischer Kunstführer von Karl Keller.*

6. Verpflegungsmöglichkeiten: *Rastplatz evtl. im Park vor dem Museum. Gaststätten im Winterthurer Zentrum.*

7. Wanderungen: *In der Umgebung der Stadt, u. a. Richtung Eschenberg.*

47

Zollikon

Ortsmuseum

Adresse:
*Alte Landstrasse 72, 8702 Zollikon,
Tel. 01 391 35 65 (Hauswart)*

Kontaktperson: *Richard Humm,
Zollikerstrasse 105, 8720 Zollikon,
Tel. 01 251 00 95 (G), 01 391 46 20 (P)*

Öffnungszeiten:
*Di+Fr   18.30—21.00 Uhr
Sa   16.00—18.00 Uhr
(Schulklassen nach Vereinbarung)*

Eintritt: *frei*

Besuch: *geeignet ab Mittelstufe
(Der knappen Platzverhältnisse wegen ist die
Bildung von Halbklassen von Vorteil.)*

Was zu sehen ist:
*Ortsgeschichtliche Reminiszenzen: Kelten
und Alemannen in Zollikon – Wasserversor-
gung, Münzengeschichte, Entwicklung des
Gemeindewappens, Reb- und Waldbau, ter-
ritoriale Entwicklung des Kantons Zürich,
Verkehrsentwicklung, Zollikon 1799 u. a.
Geräte für Landwirtschaft und Rebbau.
Feuerwehrspritze.
Studienbibliothek, Dia-, Photo- und Ton-
bandsammlung über Alt-Zollikon und Alt-
Zolliker.*

*Mindestens zwei **Wechselausstellungen** pro
Jahr.*

Zum Ortsmuseum (seit 1961)

Das in beschränkten Räumlichkeiten untergebrachte Ortsmuseum (weit über tausend Gegenstände sind magaziniert!) bietet dem Besucher in
hervorragender graphischer und technischer
Übersichtlichkeit eine Fülle von leicht erfass-
baren Informationen über geschichtliche, wirtschaftliche, territoriale und gemeindeeigene Entwicklungen.

Im übrigen wurde die Gründung des Museums
durch das grosszügige Vermächtnis eines Zolliker
Bürgers ermöglicht.

Die selbstentwickelten, mit Druckknöpfen ausge-
rüsteten Tableaux lassen farbige Lämpchen aufleuchten, die geschichtliche und andere Fakten,
wie z. B. die Herkunft unserer Ortsbezeichnun-
gen, optisch wirkungsvoll erläutern.

Die Beschriftung ist gut lesbar, knapp und präzis
formuliert. Schon der ansprechende und origi-
nelle Prospekt lässt die lebendige Gestaltung des
Museums erahnen und vermittelt einen Begriff
von der Ausstellung, die in ihrer beispielhaften
Art über die Grenzen von Zollikon hinausreicht.

Sicherlich könnten z. B. auch Schulklassen aus der Stadt Zürich von diesem Museum profitieren. (Wir denken u. a. an die Schlachten von Zürich 1799, die sehr anschaulich dargestellt sind.)

Von Vorteil für die Einwohner von Zollikon ist der Umstand, dass in den unteren Räumen die Studienbibliothek untergebracht ist, welche manchen Benützer veranlasst, auch noch dem Museum einen Besuch abzustatten, um so mehr, als das Museum pro Jahr mindestens zwei Wechselausstellungen veranstaltet.

Eine alte Feuerwehrspritze und eine alte Traubentrotte – letztere befindet sich im Dorfkern, etwa 10 Minuten vom Museum entfernt – ergänzen das Ausstellungsgut.

Hinweise für den Lehrer

1. Vorbereitung und Auswertung: *Nach der Besprechung mit Richard Humm und dem Studium des Prospektes und allenfalls weiterer Schriften ist der Vorbesuch des Museums erforderlich.*
Zu den meisten Wechselausstellungen bestehen Begleitschriften. (Letzte Ausstellungsthemen: Nomadenschmuck [kreativer Schmuck im Gegensatz zum industriellen Schmuck], Blechdosen, Weihnachtsschmuck, Photofundus Tante Locher, Kinderbücher aus drei Jahrhunderten, Papiertheater u. a. m.)
Zu einem (gewöhnlichen) Museumsbesuch äussert sich Richard Humm folgendermassen: «Ein Besuch dauert 1−1¹/₂ Stunden; er kann sich kursorisch über alle Themenkreise erstrecken oder einzelne besonders betonen:
1. Zollikon in vorgeschichtlicher Zeit;
2. Mittelalter und Neuzeit;
3. Werke der Gemeinschaft (Wald, Wasser, Feuerwehr, Verkehr u. ä.). – Weitere Themenkreise sind auch im Prospekt zu finden, z. B. über Wirtschaftsformen (Dreifelderwirtschaft, die alemannische Siedlungsweise usw.).
Schriften: Ausser den seit 1977 erscheinenden Zolliker Jahrheften bestehen folgende Schriften:
– «Vom Turiaco Triens zum Zürcher Rappen» von Richard Humm, Zollikon 1977.
– «Von Brunnen zu Brunnen» von Richard Humm, Zollikon 1982.
– Ausstellungskataloge: Zeit und Ewigkeit, 1968; Arche Antiqua, 1969; Kinderbücher aus drei Jahrhunderten, 1969; Altes Gewerbe und Handwerk in Zollikon, 1971; Burgen und Schlösser im Kanton Zürich, 1971; Magie des Lichts, 1971; Liebenswertes Puppenspiel, 1972; 100 Jahre Sekundarschule Zollikon, 1973; Tirggelmodel und Määlseck, 1973; Vom Einbaum zum Motorschiff, 1974; Eine Zukunft für unsere Vergangenheit, 1975; Von Waagen und vom Wägen, 1976.

2. Führungen: *Der Lehrer kann selber führen, doch ist wenn möglich eine Führung durch ein Mitglied der Museumskommission zu vereinbaren.*

3. Beziehung Schüler/Gegenstände: *Lämpchen aufleuchten lassen, Modelle in Bewegung setzen, anschauen: Dioramen, Objekte, Tableaux, graphische Darstellungen usw.*
Eine Tonbildschau über die Entwicklung der Gemeinde ist in Bearbeitung.

4. Arbeitsgelegenheiten: *Leider keine.*

5. Sehenswert:
– *Der Dorfkern in der Nähe mit spätgotischer Kirche von 1499.*
– *Eine alte Feuerwehrspritze ist an der Bergstrasse beim Feuerwehr- und Polizeigebäude zu sehen, ca. 5 Minuten vom Museum entfernt. (Diese ist nicht identisch mit der oben erwähnten Feuerwehrspritze!)*
– *Eine alte Baumtrotte als Erinnerung an das einstige Weinbauerndorf Zollikon (beim Gemeindehaus).*
– *Alte Dorfbrunnen mit dem Gemeindewappen.*
– *Das Täuferhaus an der Gstadstrasse 23/25 (Zollikon ist die Wiege der zürcherischen Wiedertäufer und damit der weltweiten Baptistenkirche!).*
– *General-Guisan-Stein auf der Allmend.*
– *Kunstsammlung Stiftung E. G. Bührle, Zollikerstrasse 172, geöffnet jeden Dienstag und Freitag von 14 bis 17 Uhr.*

6. Verpflegungsmöglichkeiten: *Wirtschaft Zum Truben, Restaurant Althus, Gasthaus Rössli.*

7. Wanderungen: *Durchs Küsnachter Tobel – Aufstieg beim Fledermausstein – Rumensee – alte Zumikerstrasse – Dorfmuseum. Dieser Wanderung könnte eine Schiffahrt auf dem Zürichsee mit Ziel Küsnacht vorausgehen.*

48

Zürich-Albisrieden

Ortsmuseum

Adresse:
Triemlistrasse 2, 8047 Zürich

Kontaktpersonen: *Hans Amstad,*
Langgrütstrasse 143, 8047 Zürich,
Tel. 01 492 03 31 (18.30–19.00 Uhr)
(Obmann der Ortsgeschichtlichen
Kommission)
H. J. Guldener, Tel. 01 491 21 31 (G)

Öffnungszeiten:
September–Juni,
jeden 2. Sonntag im Monat, 10.00–12.00 Uhr
(Schulklassen nach Vereinbarung)

Eintritt: *frei*

Besuch: *geeignet ab 1. Klasse*

Was zu sehen ist:
Bäuerliche Geräte / Milchwirtschaft – Flachs-
verarbeitung.
Kirchliche Geräte (hölzernes Abendmahl-
geschirr), Bibeln.
Waffenkammer – Handwerkszeug – Feuer-
wehrspritze – Mostpresse.
Coiffeursalon – Schuhmacherwerkstatt –
Teuchelbohrer-Werkstatt.
Seidenwinde – alte Masse (Fuss, Elle).
Rauchküche – Wohnstube – Schlafzimmer.

Wechselausstellungen *finden sporadisch zu*
verschiedensten Themen auf der Heubühne
statt.

Zum Ortsmuseum (seit 1975)

In der Jubiläumsschrift «25 Jahre
Albisrieder Ortsmuseum» lesen
wir den Satz: «Das Ortsmuseum
ist eine Stätte der Belehrung, in
dem uns gezeigt wird, wie
schlicht aber zweckmässig, wie
einfach aber schön sich frühere
Generationen ihre Werkzeuge,
Häuser, Möbel, Kleider und Geräte gestaltet haben: Es ist eine
Art Guckfenster in die Umwelt
unserer Ahnen.»

Nach Meinung der Ortsgeschichtlichen Kommission und des
Quartiervereins soll es aber auch
ein Ort sein, wo sich die Albisrieder Bevölkerung immer wieder
treffen kann. Diesem Zweck dient
auch die alljährliche «Mosch-
tete» im Oktober, bei der auf be-
triebstüchtiger Mostpresse 700 bis
800 Liter Most gepresst und dem
zahlreichen Publikum mit «Chäs
und Brot» verkauft werden. Es
soll auch schon getanzt worden
sein auf der grossen «Brügi». Auf
der Heubühne werden Konzerte
und andere kulturelle Veranstaltungen abgehalten.

Heute ist das Ortsmuseum im
schönen Riegelbau zum «Oberen
Haller», einem Ackerbauhaus
aus dem 16. Jahrhundert, untergebracht. Es war über 300 Jahre
im Besitze des Geschlechtes der
Haller (urkundlich seit 1382 be-

kannt). Albisrieden selbst wird 820 im Zusammenhang mit der damaligen Grossmünsterprobstei erstmals erwähnt.

Dargestellt wird im Museum hauptsächlich die bäuerliche Lebensweise im ehemaligen Dorf: Rauchküche, Stube und Chammer sind im Stil der Zeit eingerichtet. Handwerkliche Werkzeuge und Einrichtungen zeugen vom Gewerbe. Im Chilezimmer befinden sich kirchliche Gegenstände: Bibeln, der Taufsteindeckel von 1678 sowie Abendmahlgefässe aus dem 18. Jahrhundert. In der Scheune steht die noch gebrauchte Mostpresse.

Hinweise für den Lehrer

1. Vorbereitung und Auswertung: *Die Vorbesprechung mit dem Obmann ist erforderlich. – In den Jahresheften der Ortsgeschichtlichen Kommission des Quartiervereins (seit 1951) kann sich der Lehrer über das Ortsmuseum orientieren.*
Schriften:
– 25 Jahre Ortsmuseum Albisrieden.
– Blatt über das Ortsmuseum – Heft mit Beschreibung der Gegenstände – Blätter über Flachsverarbeitung – Ausschneidebogen: Haus Zum Oberen Haller – Blatt über die Schule (von 1627 an) – Wettbewerbsblatt für Schüler.
– Postkarten mit Motiven von früher.
Für den Lehrer eröffnet sich durch den Besuch des Museums ein reiches Betätigungsfeld vor allem in heimatkundlicher, vielleicht aber auch naturkundlicher und geschichtlicher Beziehung. Die Vorbereitung bestimmter Gruppenarbeiten ist zu empfehlen.
Vorschlag: Mit grossem Handbohrer an einem

kleinen Rundholzstück die «Teuchelbohrerei» versuchen! Frage: Wie verbindet man zwei Teuchel miteinander?

2. Führungen: *Durch den Lehrer oder ein Mitglied der Ortsgeschichtlichen Kommission, das auf jeden Fall dabei sein wird.*

3. Beziehung Schüler/Gegenstände: *Nur anschauen, evtl. wenige Gegenstände anfassen.*

4. Arbeitsgelegenheiten: *Keine. Nach Rücksprache mit H. J. Guldener könnten evtl. Tische und Stühle beschafft werden (Bänke zum Sitzen für 10 bis 15 Personen vorhanden).*

5. Verpflegungsmöglichkeiten: *Hasenrain mit gedeckter Feuerstelle, 5–10 Minuten vom Ortsmuseum entfernt. Diverse Restaurants.*

6. Wanderungen: *Auf den Uetliberg (ca. 1½ bis 2 Stunden).*

49

Zürich-Altstetten

Ortsmuseum (Städeli-Haus)

Adresse:
Dachslernstrasse 20, 8048 Zürich
(beim Hallenbad)

Kontaktperson: *Hans E. Knöpfli,*
Zwischenbächen 8, 8048 Zürich,
Tel. 01 945 10 50 (G), 01 62 26 33 (P)
(Präsident der Ortsgeschichtlichen
Kommission)

Öffnungszeiten:
jeden 1. Sonntag im Monat,
10.00–12.00 Uhr,
sowie an Abstimmungssonntagen

Eintritt: *frei*

Besuch: *geeignet ab 4. Klasse*

Was zu sehen ist:
Lokalhistorische Sammlung von Altstetten
und Umgebung:
Mobiliar aus Bauernhäusern – Gerätschaf-
ten.
Wohnkultur in Küchen, Stuben und Kam-
mern.
Komplett eingerichtete Nagelschmiede – alte
Schuhmacherwerkstatt.
Gemeinderatszimmer von Altstetten (um
1900).
Ausstellung über die Tellspiele 1896, aufge-
führt von Altstettern.
Römische Funde vom Gutshof in Altstetten –
Urgeschichtliche Funde – Der Goldschalen-
fund von 1906.
Der «Beckibüetzer» – Feuerwehrspritze.

Keine Wechselausstellungen.

Zum Ortsmuseum (seit 1973)

In nicht weniger als 20 Räumen stellt das Ortsmuseum seine reichhaltige Sammlung aus, und zwar so geschickt, dass man glaubt, die alten Gegenstände hätten sich von Anfang an in diesem Dreisässenhaus, einem Blockständerbau aus dem 15. Jahrhundert, befunden. Der südöstliche Teil wurde im 19. Jahrhundert als Fachwerkbau ausgebaut.

Die bei uns immer seltener werdenden Blockständerbauten sind eine Weiterentwicklung des primitiveren Ständerbaues (Ständer = Tragstütze), bei dem die Ständer noch in der Erde eingelassen waren. Hier sind die Ständer auf sehr dicken Schwellenbalken eingezapft. Mit horizontalen, bis 65 cm breiten Brettern (Blöcken), die beidseits in Vertiefungen (Nuten) lagen, wurden die Zwischenräume zwischen den Ständern ausgefüllt.

Die Ausstellung ist eine Fundgrube von Gebrauchsgegenständen in Haushalt, Handwerk und bäuerlichem Leben aus alter Zeit. In der Rauchküche stieg der Rauch durch einen breiten Schacht in den Dachstock und trocknete auf der «Brügi» die Garben und auf der «Schütti» die aus

gedroschenen Fruchtkerne fertig aus, bevor er sich durch die Ritzen des Daches verzog. Beachtenswert über der Feuerstelle der mit einem Eisenring gefasste Lavez-Steintopf (Lavez = weiches Steinmaterial für Gefässe, schon im Altertum verwendet: Fundorte z. B. in Graubünden, im Veltlin), ein drehbarer Kaffeeröster, ein «Härdöpfelstössel», ein im Feuerloch eingesetztes Waffeleisen, der eiserne Kienspanhalter und das Seechtwasserkessi (= grosser Kupferkessel, eingelassen in gemauerter Feuerstelle, gebraucht für die Zubereitung von viel heissem Wasser).

Glanzstück im wahrsten Sinne des Wortes ist die grosse Goldschale aus dem 6. Jahrhundert v. Chr., welche bei Grabarbeiten 1906 am Pickel eines Arbeiters hängenblieb. (Das Schalen-Original wird im Landesmuseum aufbewahrt.)

Nicht zu vergessen die Ecke des «Beckibüetzers» (direkt über der Nagelschmiede), der auf die Stör ging und zerbrochenes Geschirr (Becken, Krüge) mit eigenem Bohrgerät und Metall leimte und zusammenflickte.

Hinweise für den Lehrer

1. Vorbereitung und Auswertung: *Der vorherige Besuch des Ortsmuseums ist unbedingt erforderlich. Die Anmeldung der Klasse soll mindestens 14 Tage vorher erfolgen.*
Über das Städeli-Haus ist eine instruktive Schrift

vom städtischen Hochbauamt (Ausgabe für Schüler) im Ortsmuseum erhältlich.
Geschichtsmappen der Ortsgeschichtlichen Kommission Altstetten seit 1954.
Bei den frühgeschichtlichen Funden könnten auch

Dachstock mit Kamin und Rauchkammer.

weitere Fundorte (z.B. Uetliberg, Schlieren, Regensdorf, Pfäffikon, Hönngg mit dem Grabhügel aus der Eisenzeit usw.) einbezogen werden.
Siehe auch: Urgeschichte der Schweiz, Band 1, von W. Steiger und A. Jaggi, Lehrmittelverlag St. Gallen, 1975.
Über Blockbauten resp. Bohlenständer im Oberland siehe die Schrift «Bau- und Siedlungsdenkmäler im Kanton Zürich». Verlag Th. Gut, Stäfa, 1975. Seiten 65 und 66.

2. Führungen: *Die sehr reichhaltige Sammlung erfordert eine gewisse Auswahl, evtl. können die Schüler auch in Gruppen arbeiten. Die Teilnahme* *des Lehrers an der Führung ist unbedingt erwünscht.*

3. Beziehung Schüler/Gegenstände: *Nur anschauen.*

4. Arbeitsgelegenheiten: *Keine im Museum. Ausserhalb: evtl. Sitzplätze neben dem angebauten Kindergarten (anfragen).*

5. Verpflegungsmöglichkeiten: *Restaurants in allen Preislagen in unmittelbarer Nähe vorhanden.*

6. Wanderungen: *Aufstieg zum Uetliberg (etwa 1¹/₂ Stunden).*

50

Zürich-Aussersihl

Ortsmuseum

Adresse:
Quartierzentrum Kanzlei,
Kanzleistrasse 56, 8004 Zürich,
Tel. 01 242 50 37
(nur während Öffnungszeiten)

Kontaktperson: *Hannes Lindenmeyer,*
c/o Historischer Verein Aussersihl,
Postfach 544, 8026 Zürich,
Tel. 01 242 62 28 (P), 01 241 43 51 (G)

Öffnungszeiten:
Di – Fr   16.00 – 20.00 Uhr
Sa/So   12.00 – 16.00 Uhr
(Schulklassen nach Vereinbarung)

Eintritt: *je nach Ausstellung,*
für Schulklassen frei

Besuch: *geeignet ab Mittelstufe.*

Was zu sehen ist:
In **Wechselausstellungen** *soll das Leben des*
Quartiers in seiner ganzen Vielfältigkeit er-
fasst und dokumentiert werden:
Eine erste Photoausstellung war dem Thema
«Veränderungen» (gestern und heute) gewid-
met.
Für weitere Ausstellungen sind folgende The-
men vorgesehen:
– Baugeschichte
– Alltagsleben im Quartier
– Wohnen (Möbel, Geräte, Kleider)
– Arbeitslosigkeit
– Erinnerungsstücke
– Beizen im Quartier
– Ereignis – Geschichte
(Weitere Auskünfte erteilt der Historische
Verein Aussersihl.)

Zum Ortsmuseum (seit 1984)

Ein Ortsmuseum besonderer Art ist im Arbeiter-
quartier Aussersihl im Aufbau begriffen: Im
Quartierzentrum Kanzlei wurde die Photoausstellung «Veränderungen» eröffnet, eine erste Darstellung baulicher (und damit auch gesellschaft-
licher) Umgestaltungen im Quartier.

Nach dem Willen des im Jahre 1983 gegründeten
Historischen Vereins soll das Ortsmuseum im
über 120jährigen Kanzleischulhaus nicht den üblichen musealen Charakter erhalten. Es will eine
zur Vergangenheit und Gegenwart bezogene, lebendige Dokumentationsstelle eines geschichtsträchtigen Quartiers sein und sich für eine lebens-
gerechte Zukunft einsetzen.

In diesen Bemühungen sind nicht nur die bereits
über 100 Mitglieder des Historischen Vereins einbezogen, sondern auch alle ge-
schichtsbewussten Einwohner
des Arbeiterviertels, die sich als
Amateure, sogenannte «Barfuss-
forscher», in der Suche nach aus-
sagekräftigen Dokumenten aller
Art betätigen wollen.

Diese Öffentlichkeitsarbeit soll es
ermöglichen, der aufgezeigten Vergangenheit (evtl. auch mit Bild
und Ton) Leben einzuhauchen und
Ursprung und Bedeutung für die
Nachwelt sichtbar zu machen. Es
geht also darum, die Funktionen
des alten Gutes im Leben unserer
Vorfahren auf ihren ursprünglichen Wert und ihren Bezug zur
Gegenwart zu hinterfragen.

Dieser Versuch, die Bezogenheit der Vergangenheit zur Gegenwart – und umgekehrt – nachzu-
vollziehen, dürfte indes ein Anliegen sein, das für
alle Museen Geltung hat.

Schon die erste Photoausstellung versuchte, «das
Museum auf die Schauplätze des Geschehens hin-
auszutragen», Veränderungen aufzuzeigen, Veränderungen, die in neuester Zeit durch den Bau
der S-Bahn gravierend in Erscheinung treten,
denken wir nur an den Abbruch der alten Zoll-
brücke und die drohende Veränderung der nähe-
ren Umgebung (Nähe Hauptbahnhof).

Veränderungen sind aber auch im ganzen Quartier
im Gange. Anlässlich der Eröffnung des Ortsmuseums im Februar 1985 wies Professor Bruno
Fritzsche, Dozent für Wirtschafts- und Sozial-

Malerstreik, Helvetiaplatz Zürich, 1953.

Helvetiaplatz 1895 (ohne Volkshaus).

geschichte, darauf hin, dass Aussersihl, seit jeher ein Refugium der Nichtprivilegierten und auch «Ursprung des roten Zürich», vor schlimmen städtebaulichen und sozialen Entwicklungen stehe. Was in Aussersihl heute geschehe, habe sich in den zwanziger Jahren in Chicago abgespielt: Die Verelendung citynaher Gebiete. Alte Gebäude gebe man der Verlotterung preis, bis sie Prestigebauten Platz machen müssten.

Noch ein Wort zur neuen *Bibliothek* im gleichen Schulhaus: Sie umfasst mit 6000 Bänden das gesamte gesellschaftskritische Romanspektrum des 19. und vor allem des 20. Jahrhunderts und ist somit vorerst ausschliesslich auf Belletristik ausgerichtet. Die Ausleihe ist gratis. Die Öffnungszeiten sind die gleichen wie beim Ortsmuseum.

Hinweise für den Lehrer

1. Vorbereitung und Auswertung: *Die Kontaktnahme mit dem Ausstellungsleiter Hannes Lindenmeyer ist unumgänglich. Er wird Auskunft über die jeweilige Ausstellung und verfügbare Schriften geben können.*
Eine wertvolle Hilfe wird auch im neuen Geographielehrmittel für die 5. Klasse, Heft Städte Zürich und Winterthur (S. 17–21) angeboten. (Lehrmittelverlag des Kantons Zürich; vgl. auch den Lehrerkommentar zu diesem Lehrmittel.) Hier werden in Bild und Text Veränderungen in Aussersihl zwischen 1850 und 1980 veranschaulicht.

2. Führungen: *Auf Wunsch werden Führungen organisiert, auch durch das Quartier Aussersihl (Wohn- und Fabrikbauten des Industriezeitalters, Beispiele kommunalen und genossenschaftlichen Wohnungsbaus).*

3. Beziehung Schüler/Gegenstände: *Auskunft auf Anfrage, verschieden, je nach Ausstellung.*

4. Arbeitsgelegenheiten: *Auf Voranmeldung kann ein Arbeitsraum bereitgestellt werden.*

5. Sehenswert: *Siehe unter 2. (Führungen).*

6. Verpflegungsmöglichkeiten: *Auf dem Kanzlei-Areal befindet sich ein Spielplatz mit Feuerstelle. Bei schlechtem Wetter kann auf Voranmeldung die Spielbaracke benützt werden. Im Schulhaus kann auf Voranmeldung auch in der Cafeteria verpflegt werden (Tel. 01 242 50 32).*

7. Wanderungen: *Möglich wären z. B. in Kombination mit dem Museumsbesuch Stadtexkursionen, Lehrausgänge mit Gruppenaufträgen.*

51

Zürich-Höngg

Ortsmuseum

Adresse:
Vogtsrain 2, 8049 Zürich
(oberhalb des Meierhofplatzes)

Kontaktpersonen: *Dr. Jakob Bill,*
Limmattalstrasse 383, 8049 Zürich,
Tel. 075 4 16 66 (G), 01 56 75 67 (P)
(Obmann der Ortsgeschichtlichen
Kommission)
Felix Richner, Chorherrenweg 3,
8049 Zürich, Tel. 01 56 47 49
(Anmeldungen für Führungen)

Öffnungszeiten:
jeden 1. Sonntag im Monat,
10.00 – 12.00 Uhr
bei Abstimmungen auch samstags,
18.00 – 20.00 Uhr

Eintritt: *frei*
(Führungen Fr. 50.—)

Besuch: *geeignet ab 4. Klasse*

Was zu sehen ist:
Eingerichtete Küche, Stube und Kammer des
19. Jahrhunderts.
Darstellung der allgemeinen sowie der Kir-
chen-, Schul- und Vereinsgeschichte von
Höngg. – Dokumentation über Landsitze.
Landwirtschaftliche Geräte, u. a. für den
Rebbau – Wein- und Vorratskeller – Werk-
zeuge des Küfers, Zimmermanns, Drechslers
und Wagners sowie für die Waldarbeit.
Eine eingerichtete Dorfschmiede ist im nahe
gelegenen Hinterhaus der Eisenwarenhand-
lung Meier am Meierhofplatz zu besichtigen.
Limmatfischerei (Lachsfalle).
Feuerwehrspritze (Schlagspritze, ohne Saug-
werk, kein Schlauch, nur Wendrohr) – Was-
serversorgung.
Tonbildschau (in der Grossmannstube).

Wechselausstellungen *mit Themen, die meist*
im Zusammenhang mit Höngg stehen.

Zum Ortsmuseum (seit 1926 – im Haus zum Kranz seit 1977)

Im ehemaligen grossen Weinbauerndorf Höngg steht seit bald 500 Jahren (1506) das Haus zum «Kranz», ursprünglich ein Bohlenständerbau (ersichtlich auf der Rückseite des Hauses, dazu Riegelbauwerk, z. T. unter Putz). Das Wappen von Höngg zeigt noch das Rebmesser, auch wenn es im Rebberg selbst längst ersetzt wurde durch die heute gebräuchliche Rebschere.

Höngg ist ein ausgesprochenes Wohnquartier der Stadt geworden, fast ohne Gewerbe und Industrie und mit immer spärlicherer Landwirtschaft. Im

Jahre 1969 wurde der schöne Rebberg am Kirchhügel wieder neu angelegt.

Das Ortsmuseum zeichnet sich durch viele sorgfältig beschriftete und schön gestaltete Räume aus. Das Studium des ausführlichen, reich bebilderten Museumsführers ermöglicht die Begehung der insgesamt 15 Räume in einem «idealen Rundgang».

Der Geschichtsfreund macht eine Wanderung durch die Geschichte Höngg, angefangen bei den Funden aus der älteren Eisenzeit im Heiziholz

Der Pestsarg aus der Kirche Höngg.

(Hallstattzeit, ca. 800−400 v. Chr.) bis zur Eingemeindung im Zuge der zweiten Stadtvereinigung im Jahre 1934.

Im Raume «Kirche und Schule» erfährt er Wesentliches über die früheren Aufgaben der Kirche, welche die Schule, das Zivilstandswesen und die Fürsorge umfasste, ferner über Kirchen und Pfarrer, über den Stillstand (das «Stillestehen» der Männer nach dem Gottesdienst zur Beratung), eine Art Kirchenpflegesitzung...

Eine Rarität: Der Pestsarg von etwa 1630 aus der Kirche Höngg.

Das Leben und Treiben im alten Bauernhaus wird auf einfühlende und anschauliche Weise dargestellt. Im kleinen Stall hält eine Ziege nach Futter Ausschau; sie soll an die Tatsache erinnern, dass die Höngger Rebbauern früher hauptsächlich Ziegen hielten.

Die Reihe der abgebildeten Landsitze legt Zeugnis ab von der gehobenen städtischen Wohnkultur, als sich die begüterten Stadt-Zürcher im Sommer «aufs Land» zurückzogen. Ein vorbildliches, sehr vielseitiges Museum, das auch eine praktisch eingerichtete eigene Werkstatt für Restaurierungsarbeiten und die Vorbereitung der wechselnden Ausstellungen besitzt.

Hinweise für den Lehrer

1. Vorbereitung und Auswertung: *Der gedruckte Führer durch das Museum ist für die Vorbereitung des Lehrers wichtig. Das Studium dieser umfangreichen, gut bebilderten und ins Detail gehenden Schrift erlaubt es ihm, nach einem Vorbesuch des Hauses und nach Rücksprache mit Felix Richner evtl. die Führung selbständig zu leiten. Der Führer ist in der «Dorfbach»-Drogerie, Limmattalstr. 186, 8049 Zürich, oder im Ortsmuseum erhältlich. (In der Beschreibung der prächtigen Stube wird im Führer darauf hingewiesen, dass man die Gemütlichkeit des Raumes von der Eckbank aus geniessen soll und dass es den Kindern nicht verwehrt ist, die Ofentreppe zu erklettern!)*
Die Serie «Mitteilungen der Ortsgeschichtlichen Kommission des Verschönerungsvereins Höngg» (seit 1928) gibt Auskunft über alles Wissenswerte von Höngg. Für die Schule gibt das Museum viel her; vor allem der Rebbau wird gut dargestellt. Der Lehrer hat eine reiche Auswahl an Themen, auch an nicht alltäglichen, man denke nur z. B. an den Pestsarg, der die fürchterlichen Pestzeiten in Erinnerung ruft, oder an den Fischfang (vgl. auch mit Ortsmuseum Eglisau). Eine gute Einführung bietet die Tonbildschau über Höngg: Entstehung – Tram

– Rebberg – Vergleich Alt- und Neuhöngg. Gute Auswahl und Arbeiten in Gruppen sind zu empfehlen.

2. Führungen: *Sie sind auch durch den Lehrer möglich.*

3. Arbeitsgelegenheiten: *Im Prinzip keine. Der Aufwand für die Bestuhlung der Grossmannstube müsste bezahlt werden (Fr. 70.—).*

4. Beziehung Schüler/Gegenstände: *Nur anschauen.*

5. Verpflegungsmöglichkeiten: *Evtl. auf der Werdinsel beim alten Elektrizitätswerk (via Kirche und dem darunterliegenden städtischen Weinberg) oder auf dem Hönggerberg (stadtnahes Erholungsgebiet). Dort oben befindet sich auch das «Heiziholz» mit den hallstattzeitlichen Grabhügeln.*

6. Sehenswert: *Neuerdings ist das alte Elektrizitätswerk in ein EW-Museum umgewandelt worden. Es ist geöffnet von Montag bis Freitag, 13.30−16.00 Uhr, Schulen nach Vereinbarung. Schriftliche Anmeldungen sind an das Elektrizitätswerk der Stadt Zürich, Postfach, 8023 Zürich, zu richten.*

52

Zürich-Schwamendingen   Ortsmuseum

Adresse:
Probsteistrasse 10, 8051 Zürich

Kontaktperson: *Erika Munz,*
Hohmoos 10, 8051 Zürich,
Tel. 01 40 51 90

Öffnungszeiten:
jeden 1. Sonntag im Monat,
10.00–12.00 Uhr, 15.00–17.00 Uhr
(Schulklassen nach Vereinbarung)

Eintritt: *frei*

Besuch: *geeignet ab 2. Klasse*

Was zu sehen ist:
Frühgeschichte – Alt-Schwamendingen.
Sammelgüter von Kirche, Schule, Handel
und Verkehr.
Landwirtschaftliche und Handwerksgeräte.
Waffensammlung.
Dokumente zur Orts- und Quartiergeschichte.
Feuerwehrspritze (in der «Tenne»).

Durchführung von **Wechselausstellungen**
(z. B. Spitzen, Ausgrabungen).

Zum Ortsmuseum (seit 1967)

Das Ortsmuseum liegt am Rande der Stadt, und aus den Fenstern des ehemaligen Bauernhauses wandert der Blick über Fluren und Bäume.

Die alemannische Siedlung Schwamendingen wurde wahrscheinlich im 6. Jahrhundert gegründet. Im grossen Rotulus (Pergamentrolle des Grossmünsterstifts, 9./10. Jahrhundert) wurde der Name Swamundinga erstmals erwähnt.

Die frühesten Zeugen menschlicher Besiedelung dieser Gegend sind ein kleines Steinbeil aus einem Grab bei Opfikon, ferner bronzene Gewandnadeln und Pfeilspitzen (ca. 1300 v. Chr.). Auch ein römischer Hof (beim Strickhof) wurde ausgegraben; der grosse Tonziegel stammt von dort.

Wohlgeordnet und gut beschriftet stellt das Museum sein Gut in sechs Räumen aus: Kirchliche Geräte, z. B. hölzernes Abendmahlgeschirr, ein herrlich leuchtendes Chorfenster aus der Kirche (anlässlich der Renovation 1977 samt Taufstein ins Ortsmuseum integriert).

Zeugen von Handel und Verkehr (man erkennt den ersten Poststempel von Schwamendingen), landwirtschaftliches Gerät (das Wappen der Gemeinde zeigt eine Pflugschar), handwerkliches und Haushaltgerät samt einer kleinen Waffensammlung mit Gewehren, Säbeln und Pistolen werden übersichtlich präsentiert.

Erwähnenswert ist der «Kehlhof» in Schwamendingen, ein bereits im Jahre 929 erwähnter Gutshof, früher dem Grossmünster gehörend.

Im Jahre 1772 zählte die Schule in Schwamendingen 83 Schüler im Alter von sechs bis zwölf Jahren, ca. ein Drittel davon aus Oerlikon. Der Unterricht dauerte von 8 bis 11 Uhr und von 13 bis 15 oder 13 bis 16 Uhr. Ferien gab es drei bis vier Wochen zum Heuen. Der erste Schulmeister wird 1624 genannt: Jakob Schön aus Flums.

In der angebauten «Tenne» stellt die Ortsgeschichtliche Kommission des Quartiervereins Schwamendingen Werke von bildenden Künstlern aus.

Erster Poststempel von Schwamendingen.

Hinweise für den Lehrer

1. Vorbereitung und Auswertung: *Nach Kontaktnahme mit Erika Munz ist ein Vorbesuch des Museums zu empfehlen.*
Schriften: Übersichtlicher Führer «Ein Gang durch das Ortsmuseum Schwamendingen» (mit Chronik-Teil). Für die Schulklassen (von Schwamendingen) liegen Wettbewerbsblätter bereit.
Zu den alten Kehlhöfen (auch Kelnhöfe genannt) ist zu sagen, dass es sich meistens um Höfe mit grossen Kellern handelt, und dass sie zur Zeit des Zehntenwesens eine wichtige Rolle spielten. Der schönste Keller im Weinland liegt unter der Häusergruppe «Zum Kehlhof», unter dem alten Pfarrhaus in Benken. Wir denken auch an den Weiler Kehlhof am rechten Zürichseeufer. Der Name Keller hat im Weinland bestimmt mit der Funktion des «Kellermeisters» zu tun. (Im Wappen eines Kellers aus Diessenhofen, TG, im 14. Jahrhundert finden wir einen schräg gestellten Schlüssel zwischen zwei Sternen.)
Siehe auch «Siedlungs- und Baudenkmäler im Kanton Zürich», herausgegeben von der Direktion der öffentlichen Bauten des Kantons Zürich, Verlag Gut, Stäfa, Seite 51.

2. Führungen: *Der Lehrer kann seine Klasse selber führen. Auf Wunsch kann auch eine Führung organisiert werden. Häufig wird der Besuch mit einer Geschichtsstunde verbunden.*

3. Beziehung Schüler/Gegenstände: *Neben dem Anschauen kann auch gezeichnet werden.*

4. Arbeitsgelegenheiten: *Im Museum keine, doch sind in der «Tenne» Tische für ca. 30 Schüler vorhanden. Es ist im voraus anzufragen, ob die «Tenne» frei ist.*

5. Sehenswert:
– *Die Alte Kirche, im Jahre 1270 als Filialkirche des Grossmünsters zum erstenmal urkundlich erwähnt. Bei der Renovation 1885 wurden bedeutende vorreformatorische Fresken gefunden.*
– *Evtl. Besuch des Kehlhofes.*

6. Verpflegungsmöglichkeiten: *Rastplatz Ziegelhütte mit Feuerstelle, in ca. 15 Minuten vom Ortsmuseum zu erreichen.*

7. Wanderungen: *Wanderweg in den Zoo (ca. 45 Minuten).*

53

Zürich-Wollishofen

Ortsmuseum (Horner-Haus)

Adresse:
Widmerstrasse 8, 8038 Zürich

Kontaktperson: *Rolf Heusser, Präsident der Ortsgeschichtlichen Kommission des Quartiervereins Wollishofen.
Geschäft: Bederstrasse 28, 8002 Zürich, Tel. 01 202 10 04
Privat: Moosstrasse 73, 8038 Zürich, Tel. 01 481 82 31*

Öffnungszeiten:
*Samstag/Sonntag, 11 – 12, 14 – 16 Uhr
(Schulklassen nach Vereinbarung)*

Eintritt: *frei*

Besuch: *geeignet ab 2. Klasse*

Was zu sehen ist:
*Grundausstellung: Geschichtliche Entwicklung Wollishofens seit den Pfahlbauern (zurzeit 2 Wohnräume 19./20. Jahrhundert).
Fotos, Dokumente über die Veränderung des Dorfbildes vom 19. Jahrhundert bis zur Gegenwart; Bräuche.
Dokumente zur Geschichte des Hauses und seiner Bewohner.
Erste temporäre Ausstellung: 100 Jahre Turnverein Wollishofen.*

*(Weitere **Wechselausstellungen** sind vorgesehen.)*

Zum Ortsmuseum (seit September 1985)

Von diesem stattlichen, wohlproportionierten Landhaus mit grossen Sprossenfenstern geniesst man freie Aussicht auf den See.

Jahrhundertelang wohnte hier das Geschlecht der Horner, tüchtig vor allem im Weinbau. (Die älteste, auf Pergament geschriebene Urkunde datiert von 1515.) Ein blühender Garten umschliesst das Gebäude; auf dem gepflästerten Vorplatz mit dem Doppeleingang zum Haus plätschert ein Brunnen – man glaubt sich in eine ländliche Idylle versetzt.

Dem Referat zur Eröffnung des Museums, gehalten vom Präsidenten der Ortsgeschichtlichen Kommission des Quartiervereins Wollishofen, entnehmen wir folgende beherzigenswerte Grundgedanken zum Ortsmuseum: «... Das Ausstellungsgut soll erklärend wirken; es muss immer ein roter Faden von der Vergangenheit zur Gegenwart führen. Für die Jugend, insbesondere die Schuljugend, soll das Museum erläuternd und klärend dem Begreifen der Umwelt dienen.»

Eine Reihe von Glücksfällen sind in bezug auf das Haus und seine Bewohner zu verzeichnen: Der eine besteht darin, dass die Eigentümer über einen Zeitraum von 350 Jahren rund 30 Urkunden zur Haus- und Familiengeschichte gesammelt und gehütet haben.

Ursprünglich war das vermutlich im Mittelalter erbaute Haus ein Holzbau. Um 1630 entstand das heutige Gebäude, vorerst ein Weinbauernhaus in Riegelbauweise, das im 19. und 20. Jahrhundert mehrere Umbauten erlebte.

Die Tatsache, dass das Haus 1972 unter Denkmalschutz gestellt wurde, ist ebenso ein Glücksfall wie die Verfügung des kinderlosen Ehepaares Giuseppe und Betty Sassella-Keller, das Haus samt Möblierung der Stadt Zürich zu vermachen mit der Auflage, Erdgeschoss und Winde für ein Ortsmuseum zur Verfügung zu stellen.

So wird nun im geschichtsträchtigen Gebäude mit zwei Originalstuben (Bauern- und Bürgerstube) gezeigt, wie hablic he Bürger um die Jahrhundertwende gewohnt haben. (Die Bauernstube kann auch für Vereinssitzungen zur Verfügung gestellt werden.)

In drei anderen Räumen werden Vergangenheit und Hausgeschichte lebendig.

Die erste temporäre Ausstellung ist in den seeseitigen Räumen dem jubilierenden, 100 Jahre alten Turnverein und dem Turnen im allgemeinen gewidmet.

1885 war Wollishofen noch eine selbständige politische Bauerngemeinde, die der Gründung des Turnvereins nicht eben wohlgesinnt war, weil sie glaubte, ihre Söhne hätten Bewegung genug!

Im Jahre 1893 erfolgte die erste Eingemeindung gegen den Willen der Wollishofer; auch das angerufene Bundesgericht wies ihre Einsprache zurück.

Hinweise für den Lehrer

1. Vorbereitung und Auswertung: *Der Vorbesuch des ausbaufähigen Museums ist notwendig. Von alt Stadtarchivar Dr. Paul Guyer existiert eine Schrift über die Geschichte des Horner-Hauses und seiner Bewohner.*

Da die Wollishofer früher Rebbauern waren, lässt sich vom Rebbau berichten, etwa im Vergleich zum Weinland mit seinen vielen Trotten (siehe Register). Auch zum Horner-Haus gehörte neben dem Waschhaus eine Trotte; sie wurde 1937 abgetragen. Im Zehntenplan von 1798 wird der Ertrag des Wollishofer Weingeländes mit fast 710 Hektoliter angegeben. (Zum Vergleich: Stäfa gesamthaft 1984: 970 Hektoliter.)

Für die Wollishofer war das Jahr 1799, als sich in Zürich die Franzosen, Österreicher und Russen schlugen, eine schwere Zeit. Viele tausend Mann lagerten in Wollishofen, wollten einquartiert und verpflegt werden. In der Folge brach eine Hungersnot aus.

Die älteste Urkunde über Wollishofen stammt aus dem Jahre 1246 und bezieht sich auf die Höfe des Alemannen Wolo.

2. Führungen: *Durch den Lehrer. Auf Wunsch auch Führung durch ein Mitglied der Museumskommission.*

3. Beziehung Schüler/Gegenstände: *Nur anschauen, zeichnen möglich.*

4. Arbeitsgelegenheiten: *In der Bauernstube ist Platz für eine kleine Schulklasse/Gruppe.*

5. Sehenswert: *Aussichtspunkte: Bei der reformierten Kirche und auf dem Höhenzug (Moräne) «Kleiner Rigi» (beide 10 Minuten ab Museum).*

6. Verpflegungsmöglichkeiten: *Auf den Wiesen neben und oberhalb des Museums. Auf dem Vorplatz steht ein laufender Brunnen. Restaurant Bürgli mit Gartenwirtschaft, ca. 10 Minuten ab Museum an der Kilchbergstrasse 15.*

7. Wanderungen: *Entlisbergwald (ca. 30 Minuten) bis Entlisbergkopf (Feuerstellen) und zur Sihl hinunter nach Adliswil (gesamthaft ca. 1 Stunde).*

Zürich   Schweiz. Landesmuseum

Adresse:
Museumsstrasse 2, Postfach 2760,
8023 Zürich, Tel. 01 221 10 10

Kontaktperson: *Klaus Deuchler,*
Leiter des Schulführungsdienstes,
Schweizerisches Landesmuseum
(Adresse wie oben)

Öffnungszeiten:
Di−Fr   10.00−12.00, 14.00−17.00 Uhr
Sa   10.00−12.00, 14.00−16.00 Uhr
So   10.00−12.00, 14.00−17.00 Uhr
(15. Juni bis 15. September jeweils über Mittag geöffnet) Montag geschlossen
(Führungen des Schulführungsdienstes auf Wunsch auch ausserhalb der ordentlichen Öffnungszeiten)

Eintritt: *frei*
(auch Schulführungen kostenlos)

Besuch: *geeignet ab Kindergarten*
(immer nur eine Klasse pro Führung)

Was zu sehen ist:
Altsteinzeit (in Vorbereitung), Jungstein-,
Bronze-, Eisen- und Römerzeit.
Frühmittelalter (Völkerwanderungszeit).
Waffen, Fahnen und Uniformen (bedeutende Stücke aus der Ritterzeit und Altschweizer Waffen, Zürcher Zeughausbestand 16./17. Jahrhundert).
Heraldik.
Grosse Mittelalterabteilung (in Neuaufstellung).
Innenräume und Möbel verschiedener Epochen.
Gold- und Silberschmiedearbeiten − Zinn − Keramik und Glas.
Bäuerliche Sachgüter − Altes Handwerk − Kostüme und Volkstrachten.
(Weitere Hinweise im Museumsführer)

Zum Schweizerischen Landesmuseum (seit 1898)

Jungsteinzeitliches Steinkistengrab mit bestattetem Häuptling in Hockstellung. 1. Hälfte 3. Jahrtausend. Lenzburg AG.

Das Landesmuseum als unser Nationalmuseum ist das grösste kulturgeschichtliche Museum der Schweiz mit Sammlungen von der Altsteinzeit bis zur letzten Jahrhundertwende. Es gehört der Schweizerischen Eidgenossenschaft.

1890 beschlossen die eidgenössischen Räte, ein nationales Museum zu errichten, um der besorgniserregenden Verschleuderung einheimischen Kulturgutes einen Riegel zu schieben. Aus den Bewerbungen der Städte Zürich, Bern, Luzern und Basel um den Sitz des Museums wählten die Räte 1891 Zürich. In der Folge wurde der nachmalige Zürcher Stadtbaumeister Gustav Gull (1858−1942) mit der Ausführung seines erstprämierten Projektes betraut. 1898, nach fünfjähriger Bauzeit, wurde das Museum mit verschiedenen Festlichkeiten und einem grossartigen nationalen Umzug eröffnet. Der Repräsentationsbau in historisierenden Architekturformen galt als Musterbeispiel eines Museumsgebäudes. Der mächtige Torturm ist eine freie Kopie des noch bestehenden Stadtturmes von Baden. Die Stadt Zürich stellte nicht nur das Baugelände kostenlos zur Verfügung, sondern kam auch für die Baukosten auf. Dem Landesmuseum flossen bedeutende stadtzürcherische und kantonale Sammlungen zu, u. a. die einmaligen Stücke aus dem Besitz der Antiquarischen Sammlung und der Altzürcher Zeughausbestand, der drittgrösste der Welt.

Grabplatte Walters von Hohenklingen. Gefallen bei Sempach 1386. Steckborn TG.

Festsaal von Oberst Heinrich Lochmann aus dem Haus «Zum langen Stadelhof». Um 1660. Zürich.

Hinweise für den Lehrer

1. Vorbereitung und Auswertung: *Lehrern, welche ihre Klassen selbst führen möchten, steht für die Vorbereitung eine reichhaltige Präsenzbibliothek mit öffentlichem Lesesaal zur Verfügung (Montag–Freitag, 8.00–12.00, 14.00–17.00 Uhr). Bücher können nur unter bestimmten Bedingungen nach Hause entliehen werden. Interessenten können sich auch vom Schulführungsdienst beraten lassen. Diverse Führer, Leitblätter, Bildhefte und Kataloge, auch wenn nicht in erster Linie für die Hand des Lehrers gedacht, geben vielseitige Anregungen.*
Für die Arbeit mit Schulklassen können an der Garderobe Klappstühlchen und Schreibunterlagen angefordert werden.

2. Führungen: *Der Schulführungsdienst steht Klassen aller Stufen kostenlos zur Verfügung. Seiner Leistungsfähigkeit sind personelle und zeitliche Grenzen gesetzt. Frühzeitige telefonische Anmeldung ist empfehlenswert. Die Wochen vor Schuljahresende sind wegen des grossen Andranges für Besuche mit Schulen nicht geeignet. Schulführungen werden wenn immer möglich ausserhalb der ordentlichen Öffnungszeiten, d.h. mit Vorliebe vor 10 Uhr, angesetzt, um ungestörtes Arbeiten zu gewährleisten. Eine Füh-* *rung dauert in der Regel 70 bis 80 Minuten. Im Unterricht erarbeitete Vorkenntnisse zum gewünschten Thema sind nicht unbedingt erforderlich.*

3. Beziehung Schüler/Gegenstände: *Im Rahmen der vom Schulführungsdienst organisierten Führungen können bestimmte Gegenstände in die Hand genommen werden. – Anschliessendes Abzeichnen von Museumsobjekten ist, da es exaktes Beobachten und Überlegen schult, immer noch eine der besten Möglichkeiten, sich mit dem Ausstellungsgut vertieft zu beschäftigen.*

4. Arbeitsgelegenheiten: *Keine, ausser den unter Punkt 1 erwähnten. Es steht kein Museumsschulzimmer zur Verfügung.*

5. Sehenswert: *Zürcher Altstadt. – In nächster Nähe: Anlegestelle Limmatschiffahrt als Ausgangspunkt zu einer Fahrt limmataufwärts bis ins untere Zürichseebecken.*

6. Verpflegungsmöglichkeiten: *Von Mitte April bis Ende Oktober ist das Zeltrestaurant im Hof des Museums geöffnet, das preiswerte Verpflegungsmöglichkeiten anbietet. Auskunft und Reservationen über Telefon 01 221 10 10.*

(Text verfasst von Klaus Deuchler)

V DAS AUSSTELLUNGSGUT DER ORTSMUSEEN NACH SACHGEBIETEN

Nicht berücksichtigt sind Werkzeuge und landwirtschaftliches Gerät, die in den meisten Ortsmuseen anzutreffen sind. Das Register erhebt keinen Anspruch auf Vollständigkeit. Die Zahlen beziehen sich auf die Numerierung der alphabetisch eingereihten Museen.

Burgen, Schlösser	2, 4, 5, 8, 9, 16, 20, 22, 24, 28, 30, 43, 44
Dokumente Lokalgeschichte	1, 2, 4, 5, 8, 10, 12, 13, 16, 18, 20, 21, 22, 23, 24, 25, 26, 27, 28, 29, 30, 31, 32, 33, 34, 35, 36, 37, 38, 39, 40, 42, 43, 44, 46, 47, 49, 51, 52, 53, 54
Fahrhabe	5, 10, 18, 25, 29, 42, 44
Feuerwehr, Feuerwehrspritzen	3, 5, 8, 9, 10, 12, 15, 16, 18, 22, 23, 28, 29, 32, 36, 37, 44, 45, 46, 47, 48, 49, 51, 52
Fischerei	4, 12, 13, 51
Frühgeschichte	1, 5, 8, 9, 12, 16, 17, 21, 22, 28, 30, 34, 35, 36, 37, 39, 41, 42, 43, 47, 48, 49, 52, 53, 54
Handwerker in Werkstätten	Coiffeur 48 Drechsler 51 Hafner 2, 5 Kammacher 5, 54 Küfer 1, 29, 54 Kupferschmied/Spengler 39 Kupferstecher 20 Nagelschmied 49 Petschaftstecher 39 Rechenmacher 31 Schmied 5, 18, 29, 49, 51, 54 Schuhmacher 25, 26, 29, 33, 36, 39, 48, 49, 54 Sennerei 39 Teuchelbohrer 48 Wagner 29, 39, 54
Mühlen, auch Windmühlen für Körner	1, 5, 10, 13, 14, 25, 29, 30, 35, 36, 45
Pflüge	1, 7, 10, 12, 15, 18, 23, 24, 29, 30, 37
Pressen und Trotten	1, 5, 6, 18, 22, 23, 25, 29, 30, 32, 35, 37, 48, 49
Textilien, Flachs, Hanf	1, 10, 12, 14, 18, 22, 23, 25, 30, 35, 37, 39, 44, 46, 54
Waffen, Uniformen	5, 8, 9, 10, 12, 16, 25, 37, 43, 52, 54

Webstühle	1, 10, 12, 23, 29, 37, 39, 45
Weinbau	1, 6, 13, 18, 23, 25, 30, 33, 37, 39, 47, 49, 51
Wohnen, Wohnkultur	1, 5, 9, 10, 12, 14, 18, 19, 22, 23, 25, 26, 27, 28, 29, 32, 33, 34, 35, 37, 39, 40, 42, 44, 48, 49, 50, 53, 54
Verschiedenes	Bad Urdorf 38 Bergwerke 3, 5, 12 Blei-Setzmaschine 28 Brot – Werdegang 30 Dahm Helen 26 Dampfmobil 12 Dreschmaschine 29 (erstes Modell) Eichmeister-Geräte 4 Flötenuhr 31 Flughafen 14 Gerichtsherren 20, 24 Grab Alemannen 34 Herrliberger David 20 Keramik 13, 33 Kleeputzmaschine 29 Krämerladen 33 Krankenwagen 12 Meyer C. F. 13 Münzen/Medaillen 36, 43, 47, 54 Nägeli Hans Georg 43 Ofenkacheln 2, 44 Pflanzen-Lehrpfad 7 Postkutsche 12, 53 Rapid-Motormäher 29 (erstes Modell) Schiffahrt Zürichsee 17 Schnapsbrennerei 29, 32 Schul-Ecke 24, 25, 26 Spielzeug 46, 53 Spitzensammlung 33 Spyri Johanna 11 Stroh-Mange 29 Sust (Rast- und Lagerhaus) 12 Territoriale Entwicklung im Kanton Zürich 47 Velo Ferdi Kübler 18 Verkehrsentwicklung 47 Wasserrad 1, 23

VI ANHANG

1. Alte Handwerks- und Industrieanlagen im Kanton Zürich

Seit einigen Jahren entsteht allenthalben eine neue Art von Museen: Handwerks- und Industrieanlagen aus der Vor- und Pionierzeit des Industriezeitalters. Dass solche Anlagen, soweit sie nicht schon der Spitzhacke zum Opfer gefallen sind, zu den erhaltenswerten Zeugen der Vergangenheit gehören, dringt mehr und mehr auch ins Bewusstsein einer breiteren Öffentlichkeit. Neugegründete Vereine unternehmen denn auch mit Hilfe der Behörden, besonders auch von seiten des Kantons, grosse Anstrengungen, um solche Anlagen zu retten. Die besondere Anschaulichkeit dieser Anlagen liegt nicht zuletzt darin, dass sie den Besuchern in vollem Betrieb vorgeführt werden können. Die nachfolgende Zusammenstellung informiert über die bereits besuchbaren Anlagen auf zürcherischem Boden.

Unmittelbar vor Drucklegung des Ortsmuseenführers ist die erste Etappe des Industrielehrpfads Zürcher Oberland eröffnet worden. Er führt von Greifensee nach Oberuster. Als «Begleiter» empfiehlt sich dem Wanderer die Broschüre «Wege durch eine Industrielandschaft» von Jürg Hanser und Jürg E. Schneider. Dieser «touristische Führer vom Dampfschiff Greif zur Dampfbahn» ist eine Beilage zum Werk «Industrielle Revolution im Zürcher Oberland», verfasst von einem Autorenteam und erschienen im Buchverlag der Druckerei Wetzikon, Wetzikon 1985. (Preis Fr. 45.50.)

Kraftwerk Giessen in Höngg.

Zürich

Wehranlage Höngg und Kraftwerk am Giessen
Industrielle Betriebe der Stadt Zürich

Kontaktadresse:
Schriftliche Anmeldungen an das Elektrizitätswerk der Stadt Zürich, Postfach, 8023 Zürich

Zufahrt:
ab Hauptbahnhof Zürich mit Tram 13 bis Station Winzerstrasse (drei Stationen nach Meierhof Höngg), dann limmatwärts zum Elektrizitätswerk

Öffnungszeiten:
Montag–Freitag, 13.30–16.00 Uhr (Samstag/Sonntag geschlossen; Schulklassen nach Vereinbarung)

Schülerzahl: *Klassengrösse*

Eintritt: *frei*

Rastplätze: *bei der Werdinsel*

Was zu sehen ist:
Elektrizitätsmuseum; Kraftwerk in Betrieb, moderne Straflo-Turbine.

Ferner:
Dachwehre, Kahnrampe, Fischpass, Joval- und Francis-Turbine, Maschinensaal. Die Anlage in ihren Anfängen (1896).

Bebilderter Prospekt erhältlich.

Glattfelden

Stromhaus Burenwiesen
Elektrizitätswerke des Kantons Zürich

Kontaktadresse:
EKZ-Kreisbüro Bülach, Tel. 01 761 23 69

Zufahrt:
Bahnhof Glattfelden, von dort 10 Minuten zu Fuss

Öffnungszeiten:
*jeden 1. Samstag des Monats,
13.30 – 16.00 Uhr
Öffentliche Führungen:
13.30 und 15.00 Uhr
(Schulklassen nach Vereinbarung)*

Schülerzahl: *bis ungefähr 20 Schüler*

Eintritt: *frei*

Rastplätze: *beim Museum (Feuerstelle)*

Was zu sehen ist:
*EKZ-Museum.
Sammlung alter Beleuchtungen, Maschinen, Elektrogeräte – Orientierung über Energiefragen – Schnittmodell durch Generator und Turbine – Tonbildschau.*

Bebilderter Prospekt erhältlich.

Ottenbach

Turbinenanlage

Denkmalpflege des Kantons Zürich,
Direktion der Öffentlichen Bauten

Kontaktperson:
E. Grob, Anlagechef,
Pfaffächerstrasse 527, 8913 Ottenbach,
Tel. 01 769 03 69

Zufahrt:
mit SBB bis Affoltern am Albis,
nachher mit Postauto nach Ottenbach

Öffnungszeiten:
Auf Anfrage finden Führungen durch
E. Grob statt, der auch die Anlage in Betrieb
setzt.

Schülerzahl: *max. 25*

Eintritt: *frei*

Rastplätze: *in der Nähe.*

Spaziergänge *vom Turbinenhaus zum Wehr,*
Vogelreservat. – Melioration Reussebene.
In einer Stunde gelangt man reussabwärts
bis Rottenschweil (Stauung der Reuss).

Was zu sehen ist:
Kleinkraftwerk.
Kiesfalle und Streichwehr an der Reuss,
Oberwasserkanal, Turbinenhaus, Francis-
Turbine (amerikanische Erfindung), Gene-
rator (früher Betrieb von Webstühlen). – Die
Anfänge der Anlage gehen auf ca. 1837 zu-
rück; ausser Betrieb seit 1975; seit 1983
Museum.

Bäretswil

Neue «Alte Säge Stockrüti»

Verein zur Erhaltung alter Handwerks- und
Industrieanlagen im Zürcher Oberland

Kontaktpersonen:
Frau C. Trudel,
Seestrasse 127, 8708 Männedorf,
Tel. 01 920 52 26
(Sekretariat des Vereins)
Anmeldungen *für einen «Sägebesuch» sind*
zu richten an:
A. Egli, Rebhalde 3, 8623 Wetzikon,
Tel. 01 930 23 00

Zufahrt:
mit SBB nach Wetzikon, dann mit Postauto
bis Bäretswil; von dort zu Fuss ca. $^1/_4$ Stunde
nach Stockrüti

Öffnungszeiten:
Führungen durch Mitglieder des Vereins
nach Vereinbarung

Schülerzahl: *Klassengrösse*

Eintritt: *gemäss Vereinbarung*

Was zu sehen ist:
Wasserrad (5,4 m Durchmesser) und Sägerei-
einrichtungen sind seit über 100 Jahren im
Besitz der Familie Egli. Das Gebäude (dem
alten, baufälligen nachgebildet) ist neu. Das
Wasserrad (ca. 7 PS) treibt das Einfachgatter
und zudem verschiedene andere Maschinen.

Eine im Zürcher Oberländer Buchverlag
Wetzikon erschienene Publikation, herausge-
geben vom obgenannten Verein, beschreibt
die längs des Lehrpfades Kemptnertobel–
Aathal gelegenen alten Industrieanlagen.

Neue «Alte Säge Stockrüti», Bäretswil.

Bassersdorf   # Sägerei

Kontaktperson:
Ernst Morf, alt Lehrer,
Branzistrasse 11, 8303 Bassersdorf,
Tel. 01 836 54 25

Öffnungszeiten:
April−November,
jeden 1. Samstag im Monat,
nachmittags öffentliche Führung
(Schulklassen nach Vereinbarung)

Eintritt: *Fr. 40.— pro Klasse und Führung*

Schülerzahl: *Klassengrösse*

Was zu sehen ist:
Grosse Sägerei mit Einfachgatter, erwähnt
schon 1572.
Zimmermanns-Handwerkszeug.

Winterthur

Sägerei Hegi

Kontaktperson:
Werner Zehnder-Kübler, Holzbau,
8409 Hegi-Winterthur,
Tel. 052 27 50 21 (G), 052 27 10 01 (P)

Was zu sehen ist:
Sägerei mit Einfachgatter (Einsatz für etwa
3 Blätter). Angetrieben durch Wasserrad
(ca. 1850).

Öffnungszeiten:
Führungen nach Vereinbarung

Eintritt: *frei*

Schülerzahl: *Klassengrösse*

Verpflegungsmöglichkeit:
Restaurant Mühle (ca. 10 Minuten
entfernt), besonders reizvoll wegen des sich
drehenden alten Wasserrades –
Gartenwirtschaft

Neerach

Geigenmühle

Kontaktadresse:
Geigenmühle 406,
A. Ortly, Neerach,
Frau Lauper, 8173 Neerach,
Tel. 01 858 11 16

Was zu sehen ist:
1570 erbaute Mühle mit Wasserrad, fast 8 m
Durchmesser, alter Mahlgang mit Mahlstei-
nen in Betrieb. Degustation des Brotes aus
Mehl, das an Ort und Stelle gemahlen wurde.
– «Es klappert die Mühle», Publikation über
die Geigenmühle mit Photos, Fr. 24.—.

Öffnungszeiten:
jeden Samstagnachmittag,
14.00–17.00 Uhr (evtl. 18.00 Uhr);
Führungen für Schulklassen nach
Vereinbarung (Montag–Freitag);
vom 1. bis 22. Juli geschlossen

Schülerzahl: *Klassengrösse*

Eintritt: *Fr. 2.— pro Schüler*

2. Lektürevorschläge im Zusammenhang mit dem Besuch von Ortsmuseen

Die nachstehend aufgeführten Lesetexte zu verschiedenen Themen sind in Schulbüchern enthalten, die im Kanton Zürich verwendet werden. (Abkürzung: LKZ = Lehrmittelverlag des Kantons Zürich)

Backen

«37 kleine Bäcker» von G. Keller-Schoch (in: Lesebuch für die 3. Klasse, hrsg. von G. Keller-Schoch, LKZ 1969, S. 53).

«Ein feiner Gugelhopf» (in: Sprachbuch der 6. Klasse von W. Eichenberger und L. Linder, LKZ 1983, 3. Arbeitsblatt).

Bauer/Bauernhof

«Der Bauernhof» (in: «Eledil», Interkantonales Sprach- und Sachbuch, 3. Schuljahr, hrsg. von einem Autorenteam unter der Projektleitung von W. Eichenberger, LKZ 1978, S. 130).

«Ein Gespräch mit einem Landwirt» (in: Schweizer Sprachbuch, 3. Klasse, von E. Glinz, SABE AG, Verlagsinstitut für Lehrmittel, Zürich, 1974, S. 30).

Berufe

«Der wichtigste Beruf» (in: «Eledil», Interkantonales Sprach- und Sachbuch, 3. Schuljahr, hrsg. von einem Autorenteam unter der Projektleitung von W. Eichenberger, LKZ 1978, S. 125).

«Berufe, Berufe» (in: «Eledil», Interkantonales Sprach- und Sachbuch, 3. Schuljahr, hrsg. von einem Autorenteam unter der Projektleitung von W. Eichenberger, LKZ 1978, S. 126).

Burgen

«Feuersignale» von Hermann Pfenninger (in: «Natur und Heimat», Lesebuch 5./6. Klasse, hrsg. von einem Autorenteam, LKZ 1970, S. 126).

Feuerwehr

«Fürio! Fürio!» und «Dü – da – dü – da» (in: «Krokofant», Interkantonales Sprach- und Sachbuch, 2. Schuljahr, hrsg. von einem Autorenteam unter der Projektleitung von W. Eichenberger, LKZ 1982, S. 82/83).

Fischfang

«Der Angler» von Hermann Hesse (in: «Natur und Heimat», Lesebuch 5./6. Klasse, hrsg. von einem Autorenteam, LKZ 1970, S. 16).

«Der Junge und die toten Fische» von Werner Schmidli (in: Lesebuch 5. Klasse, hrsg. von einem Autorenteam, LKZ 1973, S. 8).

«Mein Fisch» von Karl Heinrich Waggerl (in: Lesebuch, 6. Klasse, Interkantonales Lesebuch, hrsg. von einem Autorenteam, LKZ 1975, S. 161).

«Als noch der Salm stieg» von Philipp Schmidt (in: Lesebuch 6. Klasse, Interkantonales Lesebuch, hrsg. von einem Autorenteam, LKZ 1975, S. 153).

Handwerkszeug

«Kennst du diese Berufe?» (in: Sprachbuch 4. Klasse, von W. Angst und W. Eichenberger, Interkantonales Sprachbuch, LKZ 1983, S. 23).

«Die Zwillingstannen» von Adolf Haller (in: Lesebuch 4. Klasse, hrsg. von einem Autorenteam, LKZ 1970, S. 193).

«Wie man in 5 Minuten einen Baum fällt» von G. Keller-Schoch (in: «Guck in die Welt», Lesebuch für die 3. Klasse, hrsg. von G. Keller-Schoch, LKZ 1969, S. 116).

Krämerladen

«Einkaufen» (in: «Krokofant», Interkantonales Sprach- und Sachbuch, hrsg. von einem Autorenteam unter dem Projektleiter W. Eichenberger, LKZ 1977, S. 113).

Mosterei

«In der Mosterei» von Heinrich Burkhardt (in: «Natur und Heimat», Lesebuch 5./6. Klasse, hrsg. von einem Autorenteam, LKZ 1970, S. 83).

Pflanzen

«Im Kräuterschiff» von Margarete Jehn (in: Lesebuch 5. Klasse, hrsg. von einem Autorenteam, LKZ 1973, S. 88).

Schuhmacher

«Feuerschuh und Windsandale» von Ursula Wölfel, 3 Lesestücke aus dem gleichnamigen Jugendbuch (in: «Guck in die Welt», Lesebuch für die 3. Klasse, hrsg. von G. Keller-Schoch, LKZ 1969, S. 6).

Textilien

«Kleider für jede Jahreszeit» (in: «Eledil», Interkantonales Sprach- und Sachbuch, 3. Schuljahr, hrsg. von einem Autorenteam unter der Projektleitung von W. Eichenberger, LKZ 1978, S. 109).

«Kleidungsstücke tauschen» (in: «Krokofant», Interkantonales Sprach- und Sachbuch, 2. Schuljahr, hrsg. von einem Autorenteam unter der Projektleitung von W. Eichenberger, LKZ 1977, S. 14).

Ur- und Frühgeschichte

«Geschichte der Schweiz», Band I: «Von der Urgeschichte unseres Landes bis zur Bundesgründung», von Werner Steiger, in Verbindung mit Arnold Jaggi. Kantonaler Lehrmittelverlag St. Gallen, Ausgaben 1975 und 1978.
(Evtl. kann auch Band II «Von der Bundesgründung bis Marignano» [1977] von den gleichen Verfassern im selben Verlag eine wertvolle Hilfe sein.)

Weinbau

«Wümmet im Weinland» von Richard Hettlinger (in: «Natur und Heimat», Lesebuch 5./6. Klasse, hrsg. von einem Autorenteam, LKZ 1970, S. 108).

Wohnen

«Alles für die Küche» (in: Interkantonales Sprachbuch für die 4. Klasse von W. Angst und W. Eichenberger, LKZ 1972, S. 22).

«In der schönen Stube» (in: Interkantonales Sprach- und Sachbuch für die 4. Klasse von W. Angst und W. Eichenberger, LKZ 1972, S. 28).

«Unter einem Dach» (in: «Krokofant»,

Interkantonales Sprach- und Sachbuch, 2. Schuljahr, hrsg. von einem Autorenteam unter der Projektleitung von W. Eichenberger, LKZ 1977, S. 44).

«Die Wunderlampe» (Petrollampe) (in: Sprachbuch für die 5. Klasse von W. Eichenberger und L. Linder, LKZ 1982, Arbeitsblatt 21).

3. Quellennachweis

Ausser den mündlichen und schriftlichen Informationen der Museumsleitungen wurden hauptsächlich folgende Bücher und Schriften benutzt:

Bolliger-Karcher, Christine: «Ortsmuseen, ihre Promotoren und ihr Publikum». Lizentiatsarbeit 1975.

Boxler, Heinrich: «Burgen der Schweiz». Band 5, Kantone Zürich und Schaffhausen. Silva-Verlag, Zürich 1982.

Drack, Walter: «Siedlungs- und Baudenkmäler im Kanton Zürich». Ein kulturgeschichtlicher Wegweiser. Hrsg. von der Direktion der öffentlichen Bauten des Kantons Zürich, Zürich. Verlag Th. Gut, Stäfa 1975.

Drack, Walter: «Denk mal». Denkmalpflege im Kanton Zürich, gezeigt an 100 Beispielen von archäologischer, kunst- und kulturhistorischer Bedeutung sowie des Ortsbild- und Heimatschutzes. Zürich, Lehrmittelverlag des Kantons Zürich, 1975.

Ganz, Werner: «Das kulturhistorische Museum Lindengut in Winterthur». Herausgeber: Gesellschaft für Schweizerische Kulturgeschichte. Verlag Birkhäuser, Basel 1971.

Kägi, Hans: «Schloss Hegi». Buchdruckerei Winterthur AG, Winterthur o.J. (Die Schrift ist im Schloss Hegi erhältlich.)

«Kunstdenkmäler des Kantons Zürich». Band 1: Hermann Fietz: Bezirke Affoltern und Andelfingen. Birkhäuser, Basel 1938. – Band 2: Hermann Fietz: Bezirke Bülach, Dielsdorf, Hinwil, Horgen und Meilen. Birkhäuser, Basel 1943. – Band 3: Hans Martin Gubler: Bezirke Pfäffikon und Uster. Birkhäuser, Basel 1978.

«**Schweizer Museumsführer mit Einschluss des Fürstentums Liechtenstein**». Begr. von Claude Lapaire. Vollständig neu bearb. von Martin R. Schärer, 4. Aufl. Verlag Paul Haupt, Bern und Stuttgart 1984.

Rentsch, Hans: «Winterthurer Schlossführer» (Schlösser Hegi, Mörsburg, Wülflingen, Kyburg, Alt-Wülflingen). Herausgeber: Bibliothekamt der Stadt Winterthur. Fabag-Druckerei, Winterthur o. J.

Walser, Oskar: «Zürcher Landstädtchen». Orell Füssli Verlag, Zürich 1974.